ICH BIN MATTEO SALVINI

Chiara Giannini / Matteo Salvini:

ICH BIN
MATTEO SALVINI

DER ITALIENISCHE STAATSMANN
IM GESPRÄCH MIT CHIARA GIANNINI

Aus dem Italienischen
von Wulf D. Wagner und
John Hoewer

Mit einem Nachwort von Eberhard Straub

POLITISCHE BÜHNE. ORIGINALTON

MANUSCRIPTUM

Impressum
Titel der Originalausgabe: *Io sono Matteo Salvini*
© 2019 bei Chiara Giannini
Altaforte Edizioni, Cernusco Sul Naviglio
Alle Reche vorbehalten

Redaktion der deutschen Ausgabe:
Michael Rieger, Stefan Flach

Politische Bühne. Originalton
© Manuscriptum Verlagsbuchhandlung Thomas Hoof,
Lüdinghausen und Berlin 2019

ISBN 978-3-948075-02-6
www.manuscriptum.de

INHALT

VORWORT

Es war der 17. Juni des Jahres 2014, ich war noch Herausgeber der Tageszeitung *Libero*.* Mein Leitartikel auf der Titelseite an diesem Tage trug die folgende Überschrift:»Und wenn Salvini der neue Kopf des Centrodestra** wäre?« Matteo Renzi war seinerzeit noch Ministerpräsident. Der heutige »einfache Senator« von Scandicci*** ritt damals auf einer regelrechten Erfolgswelle und hielt sich für unsinkbar. Doch zu seiner Rechten war irgendwie etwas in Bewegung geraten, selbst wenn die Situation der Mitte-Rechts-Parteien noch alles andere als rosig war. Ihre Ergebnisse bei der Europawahl 2014 waren trotz aller Bemühungen Silvio Berlusconis nicht gerade ein Erfolg. Forza Italia mußte Stimmeinbußen hinnehmen und auch die anderen Parteien des rechten Lagers hatten nicht besser abgeschnitten. Viele stellten Grundsatzfragen nach der Zukunft des Centrodestra, man organisierte Umfragen und führte Feldversuche durch, um sich ein Bild davon zu machen, wer die Moral, ja das Schicksal eines ganzen politischen Lagers wiederaufrichten könne. Ich selbst hielt es für müßig, mir über diese Frage allzu sehr den Kopf zu zerbrechen und schrieb an jenem Tag: »Vielleicht muß man gar nicht lange suchen, um doch den Namen eines Gewinners zu finden. Der einzige Vertreter des Centrodestra, der keine Stimmeinbußen hinnehmen mußte, der trotz der schlimmsten Wahl-

---

* Maurizio Belpietro (*1958), italienischer Journalist, von 2009 bis 2016 Herausgeber der Tageszeitung *Libero*, 2016 gründete er die Tageszeitung *La Verità*.

** Bezeichnung für die Mitte-Rechts-Bündnisse in Italien.

*** Matteo Renzi erklärte im Frühjahr 2018, daß er nur noch Senator der Gemeinde Scandicci bei Florenz sein wolle.

prognosen sogar zulegen konnte, das ist der *andere* Matteo – nämlich Salvini.«

Fünf Jahre zuvor, nach dem Skandal um die Diamanten und die in Tansania investierten Gelder durch Trota und die Piranhas, die um die Via Bellerio herumschwammen*, hätte niemand auch nur einen Euro auf die Zukunft der Lega gesetzt. »Il Carroccio«** schien zusammen mit seinem Gründer am Anfang eines langsamen Untergangs zu stehen, der auch durch die Rettungsversuche eines Roberto Maroni*** nicht mehr aufhaltbar erschien.

Und da, im Moment der größten Schwierigkeit, kommt der ehemalige Mailänder Stadtrat daher, ein Bursche von vierzig Jahren, von denen er zwanzig in der Lega verbracht hat. Matteo Salvini, der nie um ein flottes Wort verlegen ist und wegen seiner Sentenzen, besonders wenn sie das Thema Ausländer betreffen, stets im Sperrfeuer wilder Empörung steht. Als neuer Vorsitzender der Partei, die sich den in ihrem Wappen verewigten Ritter Alberto da Giussano als Inspiration wählte, wußte er, was zu tun war, damit die Lega ihr Schwert mit neuer Kraft gen Himmel zu strecken vermochte. Hinfort also mit

---

* Renzo Bossi, auch »il Trota« genannt, ist der Sohn des Lega Nord-Gründers Umberto Bossi und geriet 2012 in einen Veruntreuungsskandal von Parteigeldern. In der Via Bellerio in Mailand befindet sich der Sitz der Lega.
** »Il Carroccio« ist der Spitzname der Lega. Ein Carroccio ist ein Triumphwagen, der im Italien des Mittelalters von den Heeren der damaligen Republiken verwendet wurde. Insbesondere der Lombardenführer Alberto da Giussano, der auch das Logo der Lega ziert, erlangte durch die Verteidigung eines solchen Triumphwagens während der Schlacht von Legnano (1176) seinen legendären Ruhm.
*** Roberto Maroni (*1955), italienischer Politiker der Lega Nord, 1994-95 Innenminister, 2001–2006 Arbeitsminister, 2008–2011 erneut Innenminister.

»Padanien«* und den keltischen Riten, hinfort mit dem Sezessionsgedanken und all dem anderen Brimborium, das Umberto Bossi gegen die Regierungen der Ersten und der Zweiten Republik ins Feld geführt hatte. Hinfort mit der Polemik gegen den »parasitären Süden«, der dem italienischen Norden nur auf der Tasche läge. Sicher, der Kampf gegen die Zuwanderung blieb als zentrales Thema erhalten, aber der neue Feind hieß nun Europa.**

Von der »Diebin Rom« ging man über zum Feindbild »Moloch Brüssel« und hatte das Bestreben, aus der Lega eine Art italienischen Front National zu machen. Matteo Salvini verbannte die allzu extremistischen Themen auf den Dachboden, um sich als Vorsitzender einer Partei darzustellen, die in der Lage sein würde, sowohl den Euro wie auch die sogenannte Fornero-Reform*** zu attackieren, und außerdem nicht mehr bloß Stimmen im Kernland Venetiens, einer Lega-Hochburg, holen wollte, sondern auch in Kampanien und auf Sizilien.

Mein Leitartikel von 2014 schloß wie folgt: »Und wenn dies der neue Führer des Centrodestra sein wird? Wir werden es bald erfahren.« Und tatsächlich, bald schon sollte es Gewißheit werden. Salvini führte die Lega zu Erfolgen, die alle Erwartungen übertrafen, und erfreut sich heute einer enormen Zustimmung. Es gibt praktisch keine politische Debatte, die sich nicht um seine Person

---

* Propagandabegriff der Lega Nord, der die Regionen Nord- und Mittelitaliens benennt, die sich von dem »römischen« Südteil abspalten sollen.

** Wie bei uns ist es auch in Italien eine verbreitete Unsitte, »Europa« und »EU« synonym zu verwenden.

*** Gesetz der früheren Ministerin für Arbeit, Soziales und Chancengleichheit, Elsa Fornero, das unter anderem Renteneinschnitte vornahm.

dreht. So ist es auch kein Zufall, daß der Innenminister und Vizepremier den wütenden Haß fast der gesamten italienischen Linken auf sich zieht, für die er nun zum Feind Nummer 1 geworden ist, eine Rolle, die einst mit Silvio Berlusconi besetzt war.

Als der *cavaliere* noch an der Regierung war, verging kein Tag, ohne daß von links nicht irgendein bekannter Kommentator die bevorstehende Diktatur oder wenigstens die Gefährdung der Demokratie ins Spiel brachte. Heute nun ist es nicht mehr der Vorsitzende der Forza Italia, den man als ärgste Bedrohung für Freiheit und Demokratie ausmacht – sondern der der Lega.

Es ist kein Zufall, daß die von Intoleranz und Haß motivierten Angriffe auf die Lega im Laufe der letzten Monate ernorm zugenommen haben. Das Innenministerium hat sogar in einem umfangreichen Dossier alle Angriffe auf Angehörige und Büros der Partei Salvinis zusammengestellt. In den ersten vier Monaten des Jahres 2019 wurden mindestens einhundert Fälle zur Anzeige gebracht. Das Jahr begann mit einem Pistolenschuß auf das Auto eines Kreisvorsitzenden der Lega in Taurianova, danach kam es in Bozen zu einem Übergriff auf einen kommunalen Mandatsträger der Partei, während in Pisa einige Anarchisten einen Abgeordneten der Lega überfielen, ihn beschimpften und mit Eiern bewarfen. Von den Alpen bis nach Sizilien, die Liste ist lang: von Pistolenschüssen auf Fahrzeuge über Angriffe auf Parteibüros, von Flugblättern mit Drohungen bis hin zu Briefen mit beigefügten Patronen, Sachbeschädigungen, verschiedensten Attacken und Beleidigungen am Rande von Versammlungen. Am stärksten betroffen ist, man glaubt es kaum, die Lombardei, Salvinis Heimat, gefolgt von der Emilia-Romagna, Trient und der Toskana. Kein einziger Vorfall wurde hingegen in der Basilikata im Süden Italiens angezeigt, wo es der Lega sogar gelang, nach Jahren der Mißregierung durch den Partito Democratico die Führung zu übernehmen.

Zu diesen hunderten Angriffen auf die Partei allein im ersten Quartal des laufenden Jahres kommen noch jene Attacken gegen ihren Chef hinzu. In vier Monaten gab es 127 Delikte, die im Zusammenhang mit Flugblättern, Schmierereien und Einschüchterungen stehen. Nur weil Salvini selbst unter Personenschutz steht, fehlen in dieser Aufzählung noch schlimmere Übergriffe gegen ihn persönlich. Andernfalls, so kann man sich leicht ausmalen, wäre dem Haß auf seine Person überhaupt nicht mehr beizukommen. Neben schriftlichen Morddrohungen und Parolen, die an Orten, die der Innenminister besucht, von irgendwelchen »Antagonisten« auf die Wände gesprüht wurden, verging kaum ein Tag, an dem nicht jemand eine Nettigkeit dieser Art an ihn richtete. Da gibt es jene, die ihm den Tod herbeiwünschen, die versichern, daß er das gleiche Ende wie Mussolini nehmen werde, die dazu auffordern, auf ihn zu schießen, oder die andere Untergriffigkeiten für ihn übrig haben. Nicht selten fällt auch der Begriff »Piazzale Loreto«, in Anspielung auf den Platz in Mailand, an dem Partisanen den Leichnam des *duce* mit dem Kopf nach unten aufgehängt hatten. Hinzu kommen die Beleidigungen im Internet oder im Zuge von Demonstrationen, die ungezählt bleiben. Allerdings werden die Urheber bisweilen identifiziert. Meist handelt es sich um Personen, die jenem linksradikalen

Spektrum angehören, dessen Anhänger man früher als »Autonome« zusammengefaßt hätte und die heute einfach als »Antagonisten« bezeichnet werden. Es sind natürlich wahrhaft aufrichtige Demokraten, die da unsere Freiheit verteidigen. Üblicherweise sehen wir sie eingereiht in die diversen antifaschistischen Demonstrationszüge, wo sie sich vermummen, um Schaufenster einzuschlagen oder geistreiche Phrasen auf Hauswände zu schmieren. Unter ihnen erwischte der italienische Staatsschutz Digos ab und an auch einige Ausländer, meist Afrikaner, also jene berühmten »Fachkräfte«, die wir mit offenen Armen aufgenommen haben und die sich dafür nun höflich bedanken. So etwa ein Tunesier, der Anfang März 2019 in Partinico auf Sizilien den Minister schreiend und mit den folgenden Worten begrüßt hat: »Du sollst sterben, mit durchgeschnittener Kehle unter der Erde, du Stück Scheiße«, um sich daraufhin vom Veranstalter der Demonstration mit einem unmißverständlichen Zeichen zu verabschieden: der Kopf-ab-Geste.

Das Dossier der Lega hat nicht einmal die Fälle des Vorjahres aufgenommen, aber es reicht ein kurzer Blick, um zu erkennen, daß zu den mehreren Dutzend Einschüchterungen und Übergriffen von 2018 allein in den ersten Monaten des Jahres 2019 schon mehrere hundert hinzugekommen sind.

Warum all dieser Haß? Weil Salvini – wie ich es 2014 vorhersagte – der neue Hauptdarsteller der italienischen Politik und der Leuchtturm des Centrodestra geworden ist. Ein im Vergleich zur Vergangenheit stark verändertes Centrodestra, nämlich sein eigenes, das des Matteo

Salvini. Ein Centrodestra, das in der Lage ist, einen breiten gesellschaftlichen Konsens herzustellen und hohe Zustimmungswerte zu erreichen. Salvini hat eine Vision. Diese Vision muß nicht jedem gefallen, aber sie ist präzise und er verfolgt sie mit Entschiedenheit. Das ist der Grund, weshalb er von so vielen geehrt und wiederum von so vielen anderen brutal bekämpft wird. Aber genau das ist eben das Schicksal eines echten *leaders*.

Maurizio Belpietro

EIN PHÄNOMEN NAMENS
SALVINI

Für Francesco und Alessandro.
Möge die Liebe euch immer führen.

Sein Nachname ist der, der bei Google Italia am häufigsten eingegeben wird. Für die italienischen Frauen ist er, heimlich selbst für die linken, der begehrteste Mann des Landes, auch wenn sein Gesicht nicht eben das eines Latin Lovers ist. Es gibt Leute, die teures Geld dafür zahlen würden, um ihn in seinem privaten Alltag erleben oder wenigstens einen Espresso mit ihm trinken zu dürfen.

Er hat es nicht nur geschafft, seine vor wenigen Jahren noch am Boden liegende Partei zu einer stabilen und gefestigten Regierungskraft zu formen, er hat vor allem die Herzen der Menschen erobert. So etwas kann nur derjenige, der offen, natürlich und ohne jede Angst spricht. Selbst seine Fehler macht er häufig zu seinen engsten Verbündeten: das Herz auf der Zunge zu tragen, zahlt sich zwar keineswegs immer aus, doch stellt es Nähe zu den Menschen her. Ähnliches betrifft die mitunter höchst kompromißlose Art, wie er versucht der Gerechtigkeit Raum zu verschaffen, da er bereits in Kindertagen diverse Ungerechtigkeiten hat erleben müssen, etwa wenn er – ironisch natürlich – erzählt, wie ihm im Kindergarten sein geliebtes Zorro-Püppchen stibitzt wurde. Ist Matteo Salvini nun schlicht ein akademischer Untersuchungsgegenstand oder nicht doch ein moderner Condottiere, den man sich einfach aus der Nähe anschauen muß? In diesem Büchlein ist es Salvini selbst, der uns erzählt, wer er ist, was sein Lebensweg bisher für ihn bereithielt und was er sich von der Zukunft erwartet.

Während die Medien beinahe täglich von ihm berichten, stets oszillierend zwischen Nachrichten über sein Regierungshandeln und dem neuesten Klatsch über sein Liebesleben, erzählen wir, wer wirklich hinter *der* Persönlichkeit dieser Tage steckt. Hinter jenem Politiker, der sich für das Titelblatt der Wochenzeitschrift *Oggi* als Sexsymbol – mit nichts als einer Krawatte bekleidet – ablichten läßt und der an seinem Schreibtisch im Innenministerium oder auch mitten auf der Straße Liveschaltungen per Handy vornimmt, die dann das halbe Land aufmerksam verfolgt.

Daß er ein Phänomen ist, das haben längst auch seine Kontrahenten verstanden. Denn es ist nunmal so, daß Matteo Salvini im Laufe weniger Jahre zu einer Gestalt geworden ist, die auf Facebook dreieinhalb Millionen *follower* hat. Die Leute lieben ihn von ganzem Herzen, was wiederum auf seine eigene innere Kraft zurückwirkt. Er geht voran, wenn mit ihm Tausende auf den Straßen demonstrieren. Er betritt eine sizilianische Bar und trinkt dort einen Eiskaffee mit derselben Natürlichkeit, mit der er während eines Volksfestes in Norditalien Handyphotos seines Teller mit Salsiccia und Bohnen ins Netz stellt.

Matteo Salvini ist einfach dies: er ist der natürliche Ausdruck eines volkstümlichen und volksnahen Italiens. Ein Populist im eigentlichen Sinn des Wortes. Er verkörpert das Italien der Arbeiter, der Angestellten, der Maurer, der Bäcker, der Reiseveranstalter und der kleinen Unternehmer. Es ist das Italien der Ziegelsteine und des Zements, jenes Italien, das sich in der zweiten Nachkriegszeit die Hände gereicht hat, um sich im

Geiste der gemeinsamen Pflicht und der Brüderlichkeit wiederaufzurichten.

Und auch wenn die fünfziger und sechziger Jahre weit zurückliegen, der *leader* der Lega hat die Mentalität dieser Generation verstanden, deren Herzen in jenen Zeiten verblieben sind. Es sind Leute, die jenen Tagen nachtrauern, als sie in der Eingangstür oder im Auto den Schlüssel stecken lassen konnten, ohne zu fürchten, daß man sie beklauen würde. Oder auch den Sommertagen beim Kartenspiel, während die Kinder zufrieden auf der Straße herumspielten, ohne Angst haben zu müssen, daß der nächstbeste Depp ihnen etwas zuleide tun könnte.

Und Matteo Salvini, ein Italiener unter Italienern, voller Liebe für sein Land, hat genau das verstanden: wir trauern dem nach, was wir waren. Wir trauern den Zeiten der Lira nach, als wir noch das Geld für einen zusätzlichen Urlaub in der Tasche hatten und als wir nicht einmal wußten, was die Equitalia* überhaupt sein könnte. Wir trauern der Einberufung zum Militärdienst nach, der Disziplin jener Zeiten, als es noch sehr viel weniger Überwachung aber paradoxerweise mehr Sicherheit gab.

Und doch kann man nicht an einer Vergangenheit kleben bleiben, die notwendigerweise Platz gemacht hat für eine modernere Gegenwart. Man muß sich den Zeiten anpassen. Und wenn es früher die Marktplätze der Landgemeinden waren, auf denen sich Don Camillo und Peppone nach Dienstschluß über den Weg liefen, um sich verbale Ohrfeigen zu verabreichen, so haben sich die Debatten in der heutigen Zeit an den PC verlagert, den

---

* Equitalia ist eine umstrittene Behörde zur Eintreibung von Steuerschulden.

eigentlichen Ort der massenmedialen Teilhabe. In einer Zeit des Virtuellen, die spätestens mit dem Auftreten der 5G-Technik dazu übergeht, eine tatsächlich automatisierte und von der Kybernetik geprägte Zukunft zu werden, war gewiß ein Mann vonnöten, der mit dieser Zeit Schritt hält und einen überholten Politiker-Typus in Rente zu schicken, der mit einem stattlichen Bäuchlein fest an seinem Stuhl klebt.

Das ist der Grund, warum Salvini für den Großteil der Italiener den perfekten *leader* verkörpert: er versteht die Lebenswirklichkeit von Jung und Alt einfach gleichermaßen. Man erinnert sich seines Kampfes an der Seite von Oma Peppina, die nach dem Erdbeben 2016 einfach nicht aus ihrem Häuschen ausziehen wollte, aber erinnert sich auch, wie er mit jenen Schulkindern Eis aß, die in San Donato bei Mailand nur knapp dem Feuertod entronnen waren, nachdem der senegalesische Fahrer ihren Schulbus angezündet hatte.

Er ist der personifizierte Widerstand gegen die unkontrollierte Einwanderung, das Symbol der geschlossenen Häfen und der Hoffnung, daß das angenehme Leben der Kriminellen ein Ende haben wird. Er steht für das Notwehrrecht der Italiener ein und ist der Inbegriff eines breiten gesellschaftlichen Zuspruchs innerhalb der sozialen Netzwerke. Er ist der Superman, der gegen das Böse kämpft, der Clark Kent, der tagsüber als ganzer normaler Mensch inmitten der Leute lebt, sich bei Bedarf aber in den Retter der Welt verwandelt. »Der Capitano kümmert sich drum« ist mittlerweile die Devise innerhalb der Lega und unter den Unterstützern Salvinis, der es besser als jeder andere Minister versteht, die sozialen

Medien für sich zu nutzen. Ja, diese sind das eigentliche Streitroß eines Mannes, der es dank seiner Social-Media-Mitarbeiter, rekrutiert aus eifrigen und klugen jungen Sympathisanten, erreicht hat, seine Zustimmungswerte in den Himmel schießen zu lassen. Sein unverzichtbarer Leiter im Bereich der sozialen Medien, Luca Morisi, bestimmt jedes noch so kleine Detail, bevor ein Post veröffentlicht wird, und arbeitet ohne Pause. Denn das hat man in der Lega, zumindest auf der Führungsebene, verstanden: Bummeln wird nicht hingenommen.

Salvini ist auch der unermüdliche Mann, über den sein Chefsekretär Andrea Paganella unverblümt sagt: »Ich weiß nicht, woher er die Energie nimmt.« Eine offene Frage, die auch seine frühere Pressesprecherin Iva Garibaldi nicht beantworten kann, die heute für seine Fernsehauftritte verantwortlich ist, also das andere Medium, auf das der Vizepremier setzt. Es ist direkter und unmittelbarer als die Printmedien, die letztlich ihrem Sonnenuntergang entgegengehen, begleitet von der Melancholie einiger Romantiker, die immer noch unbedingt jeden Morgen dünnes Papier streicheln wollen.

Und doch ist der derzeitige Innenminister alles andere als ein Roboter, denn in seiner Brust schlägt das Herz eines Vaters, der sich gegenüber Tierquälerei, Gewalt und Unrecht erzürnt. Dem nach seinem Besuch der verletzten Kinder der Tragödie von Corinaldo* vor Rührung Tränen in den geröteten Augen standen, oder der in Genua unmittelbar nach dem Einsturz der Morandi-Brücke zusammen mit den Feuerwehrleuten den Unfallort inzipierte.

---

* Bei einer Massenpanik in einer Diskothek in Corinaldo (bei Ancona) kam es im Dezember 2018 zu mehreren Todesopfern.

Aber er ist auch der zerbrechliche Mann, dem das Ende der Beziehung zu der schönen Fernsehmoderatorin Elisa Isoardi das Herz brach, was einen sichtbaren Hauch von Trauer auf seinem Gesicht hinterließ.

Daneben bleibt Salvini ein Mann für Überraschungen, der zuerst sagt, daß er sich vor Denis Verdini[*] ekele, um sich dann mit dessen Tochter Francesca in süßer Eintracht von Paparazzi fotografieren zu lassen, was gleichermaßen für Kritik wie Verwunderung sorgte.

Stets bereit, anderen zu helfen, mag er nicht auf seine täglichen Postings verzichten, in denen er Ungerechtigkeiten und Widersprüche aufgreift und all das thematisiert, das in Italien ganz einfach schiefläuft. Er ist es, der sich eine Polizeijacke überwirft, um damit seinen Stolz darüber zu bekunden, daß er der Minister all derer ist, die auf den Straßen unterwegs sind, um Leben zu retten. Er tut dies trotz aller Kritiken, trotz der Angriffe von Gad Lerner, Roberto Saviano, Laura Boldrini der »radical chic«[**] aus den Zeiten Matteo Renzis und der gar nicht vom Volk gewählten technischen Regierungen, von denen man glaubte, sie würden gar nicht mehr verschwinden. Und als die letzten Wahlen, die vom 4. März 2018, dem fragwürdigen Brauch ein Ende setzten, daß man sich ohne vom Volk gewählt worden zu sein zur Regierung erklärt, da machte ein legendärer

---

[*] Denis Verdini (* 1951), italienischer Politiker, Banker und Unternehmer, über viele Jahre bis 2015 gehörte er zum engeren Kreis um Berlusconi und seiner Forza Italia, für die er auch im italienischen Parlament saß. War außerdem beteiligt am »Nazarener-Pakt«. (vgl. Anm. S.67). Verdinis Tochter Francesca (* 1991) ist die Freundin Matteo Salvinis.

[**] Die »radical chic« sind in etwa die italienische Version der »Toskana-Linken« und »Salonkommunisten« (BRD) oder auch so etwas wie »Bobos« (Österreich).

Ausspruch die Runde: »La pacchia è finita« (»Das angenehme Leben ist vorbei«)! Die Italiener haben Salvini gewählt, damit er sie anführt, zusammen mit einer weiteren politischen Kraft, der Fünf-Sterne-Bewegung, die ebenfalls Ausdruck eines gewissen Volkswillens ist, jedoch gewiß eines anderen, und ihrerseits weniger populistisch agiert. Denn während die Lega auch erfahrene Politiker vom alten Schlag aufbietet, treten bei den Fünf Sternen Gestalten an, die von hier und da rekrutiert werden, die über keine politische Erfahrung verfügen und nur mit wenigen Stimmen gewählt wurden. Genau dies ist der Grund, warum Salvini, anders als sein Regierungspartner, nach Bildung der Koalition so viel Zustimmung gewonnen hat: Auf der einen Seite steht die Lega mit ihrer politischen Schule, aus der alle diejenigen stammen, die sich der Verwaltung des Landes widmen möchten, auf hoher wie niedriger Ebene; auf der anderen Seite steht die Fünf-Sterne-Bewegung – mit Befehlsketten, die von oben nach unten verlaufen und wo keiner weiß, woher die Anordnungen wirklich kommen –, die unter dem Gewicht der massiven Zustimmung, die der Vizepremier täglich weiter zu steigern weiß, schlicht zusammenzubrechen droht.

Bislang also nur Lob. Aber hat Salvini, dieses Phänomen unserer Tage, denn etwa keine Schwächen? Sie werden es in dem Kapitel der einhundert Fragen erfahren, die wir ihm gestellt haben.

Sicher ist, daß die wichtigsten Kritiken, die an dem Innenminister geübt werden, eigentlich Programmpunkte der Fünf-Sterne-Bewegung betreffen, was häufig nur nicht gesehen wird. Wenige wissen, daß bereits vor den Wahlergebnissen des 4. März 2018 über eine Koalition mit der Fünf-Sterne-Bewegung nachgedacht wurde, denn in der Parteizentrale der Lega befürchtete man seit Monaten, auf diese Variante angewiesen zu sein. Lange schon hatte man verstanden, daß die Stimmen für Forza Italia und Fratelli d'Italia nicht ausreichen würden, um eine stabile Mitte-Rechts-Regierung zu bilden. Um also das Risiko einer erneuten technischen Regierung zu verhindern, wählte man das kleinere Übel. Allerdings würde Salvini das nie so deutlich zugeben, auch wenn die Reibungen zwischen den beiden politischen Lagern deutlich spürbar sind.

Einmal ließ Verteidigungsministerin Elisabetta Trenta (Fünf-Sterne) verlautbaren, daß die Wiedereinführung der ausgesetzten Wehrpflicht nicht vorgesehen sei, da hierfür nicht nur keine Gelder zur Verfügung stünden, sondern auch die Kasernen längst aufgegeben worden seien. Kaum war das ausgesprochen, folgte die klare Entgegnung Salvinis: »Der Wehrdienst würde den jungen Leuten dabei helfen, mal ein bißchen Erziehung zu genießen.«

Einige Monate später wurde gegen Salvini Ermittlungen im Fall des Rettungsschiffes Diciotti eingeleitet, dem er zunächst die Einfahrt in italienische Häfen verweigerte. Die Abgeordneten der Fünf-Sterne-Bewegung haben ihn gerettet, indem auch sie gegen die Genehmigung zur Einleitung eines Verfahrens gegen den Innenminister stimmten. Als sich aber Danilo Toninelli, Minister für Infrastruktur und Verkehr, am folgenden Tag einem Mißtrauensantrag ausgesetzt sah, war von Salvini nichts zu sehen und gleich fünf Senatoren der Lega weigerten sich, die Position der *Grillini** zu verteidigen. Als Retourkutsche kam es im Zuge der Debatte um das neue Notwehrrecht zu einer stillen aber offenen Konfrontation der Regierungspartner. Sämtliche Minister der Fünf-Sterne blieben dem Plenarsaal fern, während sich sechs ihrer Senatoren der Abstimmung enthielten und weitere neun als entschuldigt abwesend meldeten. Gleiches mit Gleichem vergelten, »Auge um Auge, Zahn um Zahn« – in keinem der beiden politischen Lager darf man aussprechen, was für jedermann erkennbar ist.

Eine ähnliche Episode ereignete sich schließlich auch rund um das Bürgergeld, das politische Prestigeobjekt Luigi Di Maios. Salvini war dem offiziellen Phototermin nach der Verabschiedung des Gesetzes ferngeblieben, so daß es zwischen den beiden stellvertretenden Ministerpräsidenten erneut zum Konflikt kam. Immer häufiger erscheinen gegensätzliche Erklärungen der beiden Regierungspartner, die dann von Regierungschef Giuseppe Conte wieder eingefangen werden müssen, der in seiner Eigenschaft als Vermittler jedes Mal aufs Neue bemüht ist, rasch den Frieden auf der Regierungsbank wiederherzustellen, indem er an die verpflichtenden Vereinbarungen des Koalitionsvertrags erinnert.

Aber wie lange wird sich diese Regierung noch im Sattel halten können? Das ist die Frage, die alle Italiener vor den kommenden Europawahlen umtreibt, die für die Wiedergeburt eines geeinten Centrodestra, aber ebenso für einige Überraschungen sorgen könnten. Doch freilich haben die Italiener noch sehr viele andere Fragen. Nicht

---

* Bezeichnung für Anhänger und Mitglieder der Fünf-Sterne-Bewegung, in Anspielung auf deren Gründer, den Komiker »Beppe« Grillo.

zuletzt die, wer dieser Salvini denn wirklich ist? Ist er der Mann, den alle in ihm sehen – oder versteckt sich in seinem Schrank nicht doch das eine oder andere Skelett?

WAS VON DER EUROPAWAHL ZU ERWARTEN IST

Am 14. April 2019 hat Matteo Salvini es noch einmal deutlich gesagt, auf dem Landesparteitag der Lega in der Region Latium: »Diese Wahl ist die letzte Chance, um Europa noch zu retten.« Sein Ziel ist es, auf europäischer Ebene ein längst verlorenes Gleichgewicht wiederherzustellen. Der falsche Einfluss der europäischen Institutionen auf manchen Gebieten, vor allem in der Außenpolitik, mache es unmöglich, fortzufahren wie bisher. Wenn die Europawahlen die erhofften Ergebnisse bringen, so kündigte der Minister an, wird »die Lega ganz Europa den Schutz der nationalen Grenzen aufzwingen. Mit der Lega als europäischer Führungskraft werden die EU-Außengrenzen dicht gemacht. Wir haben gesehen, wie der Versuch endete, die Demokratie mit Bomben und Panzern nach Afghanistan, in den Irak und nach Libyen zu exportieren. Die Grenzen Italiens waren, sind und bleiben für die Menschenhändler geschlossen.« Kurz gesagt, Salvini setzt alles daran, damit sich wirklich etwas ändert und Italien nicht länger das große Flüchtlingslager bleibt, zu dem es die früheren Regierungen gemacht haben.

Die EU hat uns oft mit unserem Schicksal allein gelassen und wichtige Punkte allein der deutschen Kanzlerin Merkel oder auch dem Franzosen Macron überlassen, der ein Freund der »Renzianer« ist, aber sicher kein Freund Salvinis. Der steht vielmehr Marine Le Pen nahe, die von gewissen Kreisen immer wieder als viel zu weit rechts stehend verurteilt wird. Dabei war es vielmehr die Starrköpfigkeit einiger Regierungen nach den verheerenden Terroranschlägen und angesichts der millionenfachen Massenzuwanderung illegaler Migranten, die ganz Europa zunehmend nach rechts gerückt hat. Salvini weiß das und macht Druck, wobei er überwältigende politische Erfolge einfährt, die mit Sicherheit den Charakter der europäischen Gemeinschaftspolitik verändern werden.

Die Verbündeten, die Salvinis Weg folgen werden, haben sich dabei auch schon offenbart. Nach der internationalen Pressekonferenz am 8. April in Mailand haben die anwesenden Parteien entschieden, sich dem von der Lega initiierten Projekt anzuschließen. Darunter die schon historischen Verbündeten der Freiheitlichen Partei Österreichs um Heinz-Christian Strache (Vizekanzler in Österreich), die Eesti Konservatiivne Rahvaerakond aus Estland, geführt von Mart Helme, der erst kürzlich mit fünf eigenen Ministern in die Regierung eintrat, sowie die slowakische Partei Sme Rodina um Boris Kollàr. Was nach den Europawahlen aus der italienischen Regierung wird, ist schwer zu sagen. Die Zusammenstöße innerhalb der gelb-grünen Koalition werden immer heftiger. Salvini und sein Regierungspartner Luigi Di Maio befehden sich auf eine Weise, daß man glauben mag, ihr Vertrag gewähre ihnen einen bewaffneten Frieden und sie respektierten ihn bloß aus Anstand. Doch wenn bereits die Regionalwahlen der Prüfstein für ein vereintes Centrodestra waren, das die Zustimmung von Silvio Berlusconi und Giorgia Meloni fand, so könnten die Europawahlen durchaus zu einem Kurswechsel der Lega führen, die sich auch auf nationaler Ebene ihren historischen Verbündeten rechts von der Mitte annähern könnte. Es ist alles eine Frage der politischen Imagination, ein Spiel mit dem, was politisch möglich ist. So gibt es zwei

Optionen. Nach den Europawahlen könnte sich Salvini entscheiden, den Koalitionsvertrag zu brechen und die in Umfragen ohnehin einknickende Fünf-Sterne-Bewegung ihrem Schicksal zu überlassen. In diesem Fall würde man zu Neuwahlen schreiten, zumal der Vorsitzende der Lega immer klar gesagt hat, daß eine neue technische Regierung auf keinen Fall in Betracht komme. Oder aber, zweite Möglichkeit, man geht den eingeschlagenen Weg weiter und akzeptiert den bisherigen Koalitionsvertrag, wenn auch widerwillig. Dies ist der Grund, warum die Wahlen am 26. Mai nicht allein für die Außenpolitik von Bedeutung sind, sondern ebenso für die italienische Innenpolitik. In den Räumen des Parlaments gehen jedenfalls Gerüchte um und es werden bereits Wetten angenommen, was nach den Europawahlen passieren wird. Und während das Land in einem Wartezustand verharrt und zu begreifen versucht, was da geschehen wird, kündet Salvini Innovationen und Entscheidungen an, die zum einen natürlich Teil seines Wahlkampfes, zum anderen aber bereits Kostproben konkreter Realpolitik sind.

»Wir sind dabei, einen großen Plan zur Einstellung von Polizisten auszuarbeiten«, hat der Minister jüngst in Erinnerung gerufen, »und zudem einen großen Plan zur Anbringung von Überwachungskameras, um die Sicherheit der Bürger zu garantieren. Dann arbeiten wir an einem Fond für Senioren, die Opfer von Betrugsdelikten geworden sind. Im Juni wird die Übergabe von Elektroschockern an sämtliche Polizeibeamte erfolgen.« Daneben gibt es einen Punkt, den Salvini nicht leugnet: »Wir müssen«, wie er sagt, »aus dem Kampf gegen die Händler von Drogen und Todeshändler einen

Krieg machen, und das läßt sich nur mit einer Anhebung der Strafen für solche Händler erreichen sowie mit einer Absenkung der legalen Besitzmenge, um diese Kriminellen schneller ins Gefängnis werfen zu können. Harte Strafen, das ist es, was gebraucht wird.« Also ist die Rechtslage zu ändern, zumal die Gesetzeshüter ihrerseits darüber klagen, daß eine rechtliche Handhabe entweder fehlt oder die Gesetze schlecht formuliert sind und eine konsequente Strafverfolgung nicht garantieren können – so etwa wenn Verbrecher das Gefängnis schon einen Tag nach ihrer Festnahme wieder verlassen dürfen beziehungsweise selbst bei Vergewaltigung und Raub noch Strafmilderung erhalten.

BACKSTAGE

Rom, Viminalspalast. Ein Morgen Mitte April. Die Sonne steht am Himmel und wärmt bereits. Ich begebe mich zum Eingang, passiere die Einlaßkontrolle und gehe auf die Polizisten zu, die Wache halten. »Guten Tag, ich habe eine Verabredung mit Minister Salvini.«

»Guten Tag« antworten sie, »Ihre Papiere, bitte«. Dann geben sie mir einen Gästeausweis und kündigen mich im Sekretariat des Herrn Vizepremierministers telefonisch an.

»Hören Sie, das übliche Prozedere können wir uns sparen, begeben Sie sich einfach dort zum Seiteneingang.« Kaum trete ich in das Atrium ein, kommt mir schon ein Mitarbeiter entgegen. »Ich begleite Sie zum Aufzug«, erklärt er und weist mir den Weg. Im Obergeschoß erwartet mich Salvinis Pressesprecher, der Kollege Matteo Pandini[*]. »Ciao Chiara, wir müssen noch ganz kurz warten«, läßt er mich wissen. Kein Problem. Ich nehme auf einem der Sessel im Warteraum Platz und beginne, die Decke mit all ihren Rosenfenstern und Freskendekorationen zu bewundern. Ich sinne darüber nach, daß in Rom die Paläste der Macht, durchweg architektonische Wunderleistungen, auch deshalb heute so gut erhalten sind, weil sie schon lange als Regierungssitze genutzt werden. Während ich meinen Gedanken nachhänge und von verschiedenen Personen gefragt werde, ob ich einen Kaffee oder ein Glas Wasser möchte, vergeht die Zeit. Plötzlich ist Pandini wieder da und weist mir den Weg in ein Zimmer: »Da kannst du es dir bequem machen.«

[*] Matteo Padini (*1980), Autor des Buches *Secondo Matteo* (2016), Journalist bei *Libero* und *Il giorno*, heute Pressesprecher Salvinis.

Als ich den Raum betrete, sehe ich ihn auch schon. Der Minister, da sitzt er an seinem Schreibtisch und unterschreibt Dokumente, hebt ab und an den Kopf in Richtung eines Fernsehers, der nebenbei läuft.

»Ciao Matteo«, begrüße ich ihn. Wir kennen uns noch von früher, als ich für die Tageszeitung *Libero* schrieb. Damals hatte ich in den sozialen Medien ein wenig Dampf abgelassen – und er hatte den Beitrag geteilt und ihn so zu seinem Posting gemacht. Ich hatte von den Ausgrenzungen berichtet, die ich durch gewisse Politiker während der Regierung Renzi erlebte, den Schwierigkeiten, denen sich eine prekär beschäftigte Journalistin gegenüber sieht und davon, daß ich an Salvinis Seite auf die Straße gehen wollte, um einfach »Basta!« zu der verfehlten Politik derer zu sagen, die in meinen Augen völlige Fehlbesetzungen für die Spitzenposten des Parlaments waren. Er hatte den Post auf seiner Facebook-Seite verlinkt, die damals fast eine Million *follower* zählte, und so fand ich mich zwischen Tausenden seiner Fans wieder, die mir schrieben und Komplimente aller Art machten. »Ein Mädchen zum Umarmen«, hatte Salvini unter den Post geschrieben, was er dann auch wahrmachte, als er mich einige Wochen später bei einem von der Lega organisierten Mittagessen in der Toskana traf. Ich war als Journalistin dort, um ein Interview mit ihm zu führen, begleitet hatte mich damals Susanna Ceccardi, die heutige Europaabgeordnete der Lega, bekannt für ihre roten Haare. Er umarmte mich und sagte »Brava«. Mir fiel sofort seine lockere Art auf, wie er mit allen sprach, seine Spontanität in jeder Situation. Einmal telefonierte ich mit meiner Tante. Er sagte: »Gib sie mir mal, ich will sie grüßen, auch wenn ich sie nicht kenne.« Und dann sprach er einfach mit ihr. So ist er eben. Matteo Salvini agiert wirklich so spontan. Er hat sich mit der Zeit nicht verändert, auch wenn die dienstlichen Verpflichtungen ihm viel Raum für sich selbst und für seine Vorlieben verbaut haben. Aber er glaubt an das, was er tut, an das, was er sagt, an das, was ihm wichtig ist, um seine Ziele zu erreichen.

»Buongiorno Chiara«, ruft er mir zu, während er aufsteht, um mich zu begrüßen. »Come stai?« Nach den Förmlichkeiten setzen wir uns. »Lust auf einen Kaffee bevor es losgeht?«, fragt er. »Klar«, antworte ich. Wäre zwar schon der dritte heute, aber egal. Kurz darauf erscheint auch schon ein Angestellter mit einem Tablett. Matteo nimmt reichlich Zucker. »Dolce«, sagt er lachend. »Das Leben als Minister ist schon bitter genug.« Er trinkt den Espresso in drei Schlucken, aber dann bemerke ich, wie er kurz zögert.

Zigarette – ja oder nein?

Keine Zigarette.

»Hast' also aufgehört?«, frage ich ihn.

»Seit dem 30. März rühr' ich keine mehr an! Vielleicht klappt's ja dieses Mal ...«

Ich möchte ihm erzählen, daß ich den Krebs gebraucht habe, um endlich aufzuhören,* aber ich lasse es bleiben. Ein bißchen aus Zurückhaltung, ein bißchen wegen der Umstände. Gewiß aber nicht aus Scham. Ich weiß, er würde mich verstehen, spräche ich es an. Ich erinnere mich, wie er zum Beispiel Nadia Toffa

---

* Chiara Giannini spielt hier auf ihre eigene, überwundene Krebserkrankung an.

auf Instagram Mut gemacht hat. Das war eine schöne Geste.*

Es ist notwendig, Mut zu machen, nicht nur denen, die jeden Tag gegen den Krebs ankämpfen, sondern auch jenen, die einen betroffenen Familienangehörigen, Partner oder Freund haben. Denn man kämpft vor allem gegen seine blöde Scham, was dazu führt, daß man sein tatsächliches Befinden verbirgt, unaufrichtige Phrasen verwendet und sich schließlich selbst die Schuld gibt. Doch wo nichts zu verbergen ist, gibt es auch keinen Grund, sich zu schämen. Im Gegenteil.

Ich bin so vertieft in diese Gedanken, daß ich gar nicht mitbekomme, was er sagt. Er ist noch bei den Zigaretten und gesteht:

»Eine Weile höre ich auf, dann fange ich wieder an, höre auf, fange wieder an. Ich weiß, es ist ein idiotisches Laster. Aber es ist schwer, nicht rückfällig zu werden … Manchmal sage ich mir: ›Matteo, warum nimmst du nicht einen Bruchteil von der Willenskraft, mit der du die Häfen dicht machst, um auch deinen Mund für die Zigaretten zu verschließen?!‹ Aber da bin ich wohl ein bißchen wie die Pferde …«

»Wie die Pferde?«

»Ja, Pferde haben oft den Mut und die Kraft, über höchste Hecken und Hindernisse zu springen, doch dann machen sie plötzlich vor einer kleinen Pfütze Halt. So ist es auch mit meiner Willenskraft beim Rauchen. Aber dieses Mal klappt es. Dieses Mal habe ich aufge-

---

* Nadia Toffa (1979–2019), italienische Journalistin und Moderatorin der Fernsehsendung *Le Iene*; Salvini ließ ihr per Post » eine Umarmung« zukommen, nachdem sie öffentlich von ihrer Krebserkrankung gesprochen hatte.

hört, selbstverständlich vorausgesetzt, daß Di Maio einverstanden ist.«

»Was hat Di Maio damit zu tun?«

»Na ja«, grinst er schelmisch, »zum Rauchen steht nichts im Koalitionsvertrag, also muß ich mich mit ihm erst noch darüber verständigen.«

Die Stimmung ist gelöst, Salvini entspannt. Mir gefällt der Gedanke, daß ich irgendwie vielleicht eine angenehme Unterbrechung seines Tages bin, eine Pause – hoffentlich lang genug, um das Interview in Gänze durchführen zu können –, in der er seine Vorsicht ablegt, um ein wenig zu erzählen, wer er ist und was er darüber denkt, eine Lichtgestalt der internationalen Politik zu sein.

Auch unter vier Augen, Ehrenwort, ist der erste Eindruck, den er auf mich macht, der eines Menschen, der offenkundig und unleugbar absolut normal ist. Ja, *normalissimo*. Einer von denen, bei denen du dich wohlfühlst schon aufgrund der Art, wie er auf seinem Stuhl sitzt. Er muß nicht zu dir herunterschauen, wie es vielleicht seine stets in feinsten Zwirn gewandeten Vorgänger der Ersten Republik taten, aber ebensowenig spürt man bei ihm jenen Zwang, unbedingt sympathisch wirken zu müssen, der häufig das Problem von Akteuren ist, die noch nicht lange auf der öffentlichen Bühne stehen. Nichts davon bei ihm. Wir sind einfach zwei Leute in einem Raum. Punkt.

Normal.

»Würdest du mir einen typischen Tag beschreiben«, fange ich an.

»Tja, ich bemühe mich, einen menschlichen Rhythmus einzuhalten. Ich stehe früh auf und versuche, um sieben Uhr bereit zu sein. Natürlich gibt es Abende, an denen man bis spät in die Nacht arbeitet und sich die Verpflichtungen auftürmen, dennoch stehe ich immer recht früh auf, um alles Wichtige im Auge zu behalten.«

»Du liest also erst einmal die Zeitungen?«, fahre ich fort.

»Die lese ich lieber am Abend. Doch wenn es etwas gibt, das mir empfohlen wurde, so schenke ich dem meine Aufmerksamkeit. Ich versuche allerdings, mich nicht von dem abhängig zu machen, was die Journalisten schreiben, auch wenn man mir diesen ganzen politischen Quatsch ständig vorlegt.«

»Na, sicher nicht alles!«

»Nein, aber den größten Teil schon. Jeden Morgen gibt es Hintergrundberichte, Artikel, die mir erklären, was ich gesagt haben soll oder nicht ... oft und gerne ohne jede Substanz. ›Man sagt, daß ... Es hat den Eindruck, als ob ...‹ Ich wiederhole: politischer Quatsch.«

»Aber gelingt es dir trotzdem, dir Zeit für die Kinder und die Familie zu nehmen?«, frage ich ihn weiter.

»Die Zeit findet sich schon. Das weiß jeder, der einen streßigen und anspruchsvollen Job hat. Und auch wenn man sich mitunter ein Bein ausreißen muß, letztendlich sind wir als Eltern doch für unsere Kinder da. Klar, es könnte immer etwas mehr sein, weshalb wir auch jeden Tag genießen, an dem wir ausnahmsweise mal nur für uns sein können. Meine Kinder geben mir Kraft. Sie wissen, was ich tue und daß es ihnen gilt.«

»Aber bist du nie müde, Matteo?«

»Ich habe gar keine Zeit, müde zu sein«, lächelt er.

»Gut, Scherz beiseite. Natürlich bin auch ich mal müde,

also körperlich. Aber ich darf mich dem nicht hingeben. Vielleicht trete ich hier und da mal ein wenig kürzer, aber ich kann da keineswegs nachlassen. Denk an die Arbeit der Polizei, der Feuerwehr, an all die Frauen und Männer in Uniform, die sich ohne Unterlaß für uns aufopfern, inmitten tausender Gefahren, die Überstunden anhäufen, für die sie zuweilen aus eigener Tasche zahlen müssen. Wenn sie nicht aufgeben, dann darf ich es sicherlich auch nicht.«

»Gut, ich würde sagen, wir beginnen mit dem Interview. Aber um eines muß ich dich bitten. Wenn dieses Buch herauskommt, dann gib mir Bescheid, bevor du etwas dazu postest, damit ich die Wasserhähne zudrehen kann.«

Er fängt an zu lachen. »Ah ja, ich erinnere mich, wegen meines Posts hast du damals das ganze Haus unter Wasser gesetzt.«

»Naja«, antworte ich, »es war eben so aufregend, daß du meinen Beitrag geteilt hattest, daß ich vor lauter Panik das Wasser im Bad habe laufen lassen. Die Bewohnerin unter mir weiß noch gut, wie die Wassermassen die Treppe herunterliefen.«

Matteo lacht weiter.

Ich drehe mich um und sehe seine berühmte Polizeijacke am Kleiderständer hängen.

»Die gefällt dir wirklich, stimmt's?«

Salvini lacht erneut, während ich feststelle, daß auf seinem Fernseher der Angel-Kanal läuft.

»Herr Minister, nun mußt du mir aber schon erklären, warum du dich so fürs Angeln interessierst!«

Ich bin mir sicher, Massimo Recalcati* wird darüber noch ein Buch schreiben.

»Na, komm. Das ist doch verständlich, oder? Ich sitze fortwährend hier, umgeben von all diesen Nachrichten, den ständigen Informationen aus allen Abteilungen, jeder Art von Neuigkeiten und Pressemeldungen. Und wenn ich mir mal eine Verschnaufpause nehmen kann, dann dreh' ich mich um und atme für eine Minute durch. Ich entspanne mich halt damit, was soll's...«

»Hätte eher gedacht, du schaust dann ein Spiel vom AC Mailand...«

»Das Angeln hilft mir, mich zu entspannen, aber dabei trotzdem weiter zu arbeiten. Würde da etwas vom AC Mailand laufen«, fügt er an, »dann hätte ich für nichts anderes mehr Augen.«

»Ok, wir sollten mit der Arbeit loslegen. Ab jetzt sieze ich dich wieder, immerhin sprechen wir ja über ernste Dinge. Bereit für die erste Frage?«

»*Prontissimo!*«

---

* Ein in Italien bekannter Psychoanalytiker, vergleichbar »unserem« Stephan Grünewald.

HUNDERT FRAGEN

1. Beginnen wir mit Ihrer Kindheit. Herr Minister, was für ein Kind waren Sie?

Ich spielte natürlich nur mit Baggern!* Das ist ein Scherz. All die Maschinen, die Bagger, die Soldaten, das Tischfußballspiel Subbuteo**, gehörten, wenn ich heute zurückdenke, noch in eine andere Welt. Diese Spiele waren wirklich, du konntest sie anfassen, sie meistern, mußtest auf sie aufpassen und, ganz wichtig, nach Ende des Spiels mußtest du sie an ihren Platz zurückstellen. Nehmen wir als Beispiel Subbuteo; meine Kinder haben nicht einmal eine Idee, was das sein könnte, und doch war es für mehrere Generationen das, was heute eine Playstation ist. Das Fußballfeld wurde auf dem Teppich ausgerollt, die Spieler aufgestellt, wobei das Feld so wabbelig war, daß es die Laufrichtung des Bällchens beeinflußte, je nachdem, wie man mit seinen Spielern dagegen schnipste. Dann kam die Phantasie hinzu. Und die konnte man nicht mitkaufen. Du selbst mußtest mit ihrer Hilfe erreichen, dein Kinderzimmer in das San Siro-Stadion in Mailand zu verwandeln, deinen Gegenspieler in Giovanni Trapattoni und den Spieltisch in deine eigene kleine Champions League. Nein, keine Nostalgie jetzt, um Gottes willen! Aber doch einige Gedanken dahingehend, inwiefern die digitale Revolution vielleicht allein für die Welt der Erwachsenen positive Entwicklungen mit sich gebracht hat. Denken wir an die sozialen Netzwerke und an den Raum der Freiheit, den

---

* Der Satz bezieht sich darauf, daß Salvini öffentlich wirksam illegale Roma-Lager und Mafia-Villen abreißen läßt. Er wird daher immer wieder auch von seinen Gegnern mit Baggern bzw. Planierraupen in Verbindung gebracht.

** Ein Tischfußballspiel ähnlich unserem Tipp-Kick.

uns das Internet bietet, während es für die Kleinsten vielleicht doch etwas von jener Magie ausgelöscht hat, die wir Analogen früher noch gekannt haben. Und doch gibt es glücklicherweise auch heute keine Technik, die einen schönen Frühlingstag, einen Fußball oder den einen oder anderen Freund, mit dem sich ausmalte, in der Kurve zu jubeln, ersetzen kann.

Was für ein Kind ich war? Normal. Lebhaft aber nicht ungezogen. Wach ohne aufdringlich zu sein. Es gab einen schlichten Rahmen: Meine Eltern hatten mich lieb, ab und an zankte ich mich mit meiner Schwester, ich spielte mit meinen Schulkameraden und dann war da freilich der leidenschaftliche Enthusiasmus für den AC Mailand. Ich war bei den Pfadfindern und ging mit meinem Großvater in Ligurien angeln, stellte mir den Wecker zum Sonnenaufgang, um mit der Oma in Trient Pilze suchen zu gehen. Es gab mein weiß-rotes Mountainbike mit der Gangschaltung, die Sommerferien, die ich im kirchlichen Umfeld verbrachte und wo wir die ganze Zeit Fußball und Billard spielten. All das genügte mir, weil in meiner Welt eigentlich alles in Ordnung zu sein schien.

2. Was waren Ihre Erwartungen als Jugendlicher? Was hätten Sie als Erwachsener machen wollen?
Der große unerreichte Traum war der, Fußballspieler zu werden, auch wenn ich ihn nie mit Ernst angegangen bin. Es war eine dieser Phantastereien, die mich seit meiner Kindheit begleiteten, wenn ich mit meinen Eltern ins Stadion ging oder mit Freunden kickte. Etwas ernster nahm ich dagegen die Leidenschaft für

den Journalismus, der ja tatsächlich zu einem Beruf geworden ist. Schon als kleiner Junge hatte ich Spaß daran, mich bei Veranstaltungen zwischen die Scheinwerfer zu mogeln, besonders gern beim *Calciomercato*, einem großen Event am Ende der Transferperiode, bei dem die letzten Spielerwechsel über die Bühne gebracht werden. (Sie haben verstanden, daß mir Fußball gefällt, oder?). Die Politik kam erst auf dem Gymnasium hinzu, wobei ich mir nie hätte denken können, daß sie einmal so bedeutend für mein Leben werden würde.

3. Und nun, im heutigen Alter, würden Sie da sagen, daß Sie Ihre Träume verwirklicht haben?
Hier habe ich immer das Gefühl, die Handbremse ziehen zu müssen, denn es besteht das große Risiko, daß man, wenn man im Zentrum der gesamten medialen Aufmerksamkeit steht, alles als eine Art Show betrachtet. Doch ist die Politik eine ernste Sache und sie seriös zu betreiben bedeutet, sich immer bewußt zu sein, daß man in der Pflicht steht, andere Menschen zu repräsentieren: ihre Hoffnungen, ihre Nöte, ihre Schwierigkeiten, ihre Ängste. In diesem Sinne muß der sozusagen karrieristische Aspekt, der in anderen Berufen völlig legitim wäre, zurücktreten gegenüber der Treue zu sich selbst, gegenüber der Idee und den Personen, die dir ihr Vertrauen geschenkt haben. Wenn ich mich somit frage, ob ich zufrieden bin mit dem bis hierhin zurückgelegten Weg, so ist die Antwort absolut: ja. Ich verleugne nichts, nicht einmal die Fehler und die schwersten Niederlagen. Wäre die Frage aber: bist du zufrieden?, begnügst du dich nun?, hast du genug getan? Nun, dann

muß die Antwort immer nein lauten, sonst sollte man aufhören.

4. *Erzählen Sie mir eine Erinnerung, die für Sie wertvoll ist. Eine noch unbekannte Anekdote aus der Zeit vor dem Eintritt in die Politik.*

Als sie mir mein Zorro-Püppchen klauten? Ich muß damals in den Kindergarten gegangen sein und trug immer dieses Zorro-Püppchen mit mir, bis die anderen mich eines Tages hereinlegten. Wenn ich das jetzt erzähle, klingt es wie eine Vorbestimmung, vielleicht provozieren wir damit, daß Massimo Recalcati* eine Folge zu den Kindheitstraumata Salvinis bringt, auch wenn es ganz einfach nur meine erste Begegnung mit der Ungerechtigkeit war. Leider geschieht das früher oder später jedem Kind, ist unvermeidbar und in gewisser Hinsicht sogar notwendig. Was zählt, ist, wie die Eltern damit umgehen. Hier gilt, daß nur der Rat von denen etwas taugt, die selbst kein schlechtes Beispiel abgeben. Wenn ich das sagen darf, so glaube ich, daß der richtige Weg der meiner Eltern war. Und nun, da ich selbst Vater bin, versuche ich es ihnen nachzutun, das heißt, auf gute Weise zu erklären, daß, wenn man selbst ein Opfer geworden ist, es nichts zum Schämen gibt, denn vielmehr sollte der, der die Regeln gebrochen hat, sich schuldig

---

* Massimo Recalcati ist ein namhafter italienischer Psychoanalytiker und Autor, der sich in den Medien gern kritisch über Salvini äußert. So sagte er: »Salvini stellt sich als eine Art neuzeitlicher Leviathan dar, als ein Zorro, der Leben rettet, wo sie in Gefahr sind. Egal, ob es um die Zuwanderung geht oder um eine Wirtschaftskrise, die Armut und prekäre Verhältnisse mit sich bringt - zack, er hat sogleich eine Antwort, die immer auch wesentlich konkreter ist als die abstrakten Vorstellungen der Fünf-Sterne-Bewegung.«

fühlen. Und dann versuchen, die naheliegende Regung, sich zu rächen oder das erlittene Unrecht umgehend mit gleicher Münze zurückzahlen zu wollen, mit dem Glauben an die Gerechtigkeit zu kompensieren. Nun, es ist schwierig, das in Worte zu fassen, geschweige denn, es einem Kind in der Praxis vorzuleben. Ich weiß nicht, wo ich es las, aber es gab einen Philosophen, meine ich, der den Eltern immer sagte: »Tut euer Bestes, Fehler macht ihr sowieso.«

5. Welches waren und welches sind die fundamentalen Werte, auf denen Sie Ihre Existenz gründen?
Es ist schwierig über Werte zu sprechen ohne in Allgemeinheiten zu verfallen. Ich versuche es dennoch und sage: Loyalität und Treue. Wenn ich eine Verpflichtung eingehe, tue ich alles, um ihr zu entsprechen. Wenn ein Freund in Schwierigkeiten steckt, helfe ich ihm, soweit ich kann. Ich gebe und ich verlange Loyalität und Treue, was allerdings nicht Unterordnung bedeutet. Im Gegenteil fordert die Aufrichtigkeit, die mir Freunde oder Mitarbeiter darbringen, manchmal meinen sprichwörtlichen Stolz, um nicht zu sagen meine schon berüchtigte Überempfindlichkeit heraus, wenn sie mir ohne Zögern sagen, daß sie nicht mit mir einverstanden sind. Hier und da werde ich vielleicht sauer. Dann grüble ich und wäge ab. Und manchmal schenke ich ihnen dann Gehör. Manchmal …

6. Was denken Sie über Freundschaft?
Freundschaft ist der Zement des Lebens und auch der gesamten Gesellschaft. Freundschaft ist Anarchie, sie ge-

schieht einfach, wie die Liebe, da kann man nichts machen. Sie überrascht, spiegelt dich in einem anderen wider, der vielleicht aus völlig anderen Zusammenhängen kommt als du. Manchmal ist sie ganz unmittelbar, instinktiv, in anderen Fällen braucht sie Tage, Monate, Jahre um im Stillen zu gedeihen. In keinem Fall kann sie allerdings auf dem Reißbrett entworfen werden, und das ist, glaube ich, was sie so kostbar macht.

7. Und über die Liebe?
»Liebe«, so sang Gaber,* »ist ein eigenart'ges Wort, es flattert zu sehr, sollt' ersetzt werden, besser, man nennte es ›die Sache‹. Dann könnte es greifbar werden. Du lebst in intensiven Augenblicken, die dir für den Moment so scheinen, als hinterließen sie tiefe, bedeutende Zeichen. Aber nicht das ist ›die Sache‹ oder besser, nicht *nur* dies. ›Die Sache‹ ist Verwandlung, Begegnung, Zusammenwachsen. Sie ist ein Blutsschwur, der zwischen zwei Menschen oder vielleicht zuvor noch mit dem Schicksal geschlossen wird.«

8. Ohne Namen zu nennen, erinnern Sie sich Ihrer ersten Freundin? Was ist aus ihr geworden?
Oh ja, ich erinnere mich! Der allererste Kuß in der Via Melchiorre Gioia. Genug, mehr sag ich nicht. Meine erste richtige Freundin habe ich allerdings in den Schulferien anläßlich der Feierlichkeiten des Heiligen Ambrosius [7. Dezember] im Val Rendena kennengelernt. Mit ihr

---

* Giorgio Gaber (1939-2003), in Italien beliebter »Cantautore« – Liedermacher. Im italienischen Original ist nicht kenntlich gemacht, daß Salvini hier aus Gabers gesungenem Vortrag *La cosa* nahezu wörtlich zitiert.

verbrachte ich wunderbare Jahre. Ich erinnere mich der ersten Ferien auf Menorca und des Jahreswechsels in Salzburg mit einer Schneeballschlacht. Heute ist sie verheiratet, ist Ärztin und hat drei Kinder. Sollte sie dies lesen, so nehme ich die Gelegenheit wahr, sie zu grüßen. Es ist ja wirklich wahr, daß alles vergeht, *aber alles hinterläßt auch eine Spur.*

Wie hieß sie?

Sie hieß, naja, sie heißt noch Francesca.*

Wirklich? Francesca …

Ja, warum? Das ist ein sehr schöner Name.

Ja, ja, wirklich wie …

Wie der sehr vieler anderer Menschen …

Aber sind Sie wirklich so empfindlich, wenn es um Ihr Privatleben geht? (Lächelt)

Es ist nicht so, daß ich empfindlich bin, nur habe ich das Bedürfnis, mir einen Raum zu bewahren, der allein meiner ist. Wo nicht zuviel über alles gesprochen wird. Ich denke, das ist verständlich, oder? Und die Italiener, was sollte sie das obendrein kümmern …?

Meiner Meinung nach interessieren diese Dinge durchaus, denn Sie sind eine öffentliche Person, und der Klatsch gefällt den Leuten. Sehr viele lieben Sie sogar. Vielleicht würden sie Sie nur gerne an der Seite von jemandem sehen und träumen, daß ihr Idol glücklich verheiratet ist.

Aber nein. Schauen Sie, ich treffe Hunderte von Personen jeden Tag und versuche, jedem meine Aufmerksamkeit zu schenken, vom berühmtesten Unternehmer bis zum anonymsten Passanten, und noch nie

* Anspielung auf Salvinis Freundin Francesca Verdini.

hat mich einer danach gefragt, wer meine Freundin ist oder nicht ist. Die Leute sprechen über die Arbeit, über Sicherheit, über die Rente, die Jugendlichen, die gezwungen sind auszuwandern. Mein Privatleben interessiert zum Glück tatsächlich nur die Journalisten.

Ist das Ihre freundliche Art mich zu bitten, das Thema zu wechseln?

Scharfsinniges Mädchen ...

9. Bedauern Sie irgendetwas?

Nein, glücklicherweise eigentlich nicht. Damit sage ich nicht, alles richtig gemacht zu haben, um Himmels willen! Absolut nicht. Nur jedes Mal, wenn ich an meine Vergangenheit denke, an die Entscheidungen, die sich hinterher vielleicht als falsch herausgestellt haben, gelingt es mir doch stets, mich in meine damalige Haut zurückzuversetzen und mir zu sagen, daß ich das getan habe, was mir richtig erschien. Punkt, neuer Absatz. Abgehakt.

10. Und unverwirklichte Wünsche?

Bisher nicht verwirklichte Wünsche? Vor allem würde ich eine strukturelle Veränderung des Regierungsmodells in der Europäischen Union erreichen wollen, das auf dem Fundament der Demokratie, der Arbeit und der Souveränität neu zu gründen wäre. Ein für allemal Schluß machen mit der bürokratischen Machtkonzentration, den Erpressungen durch die Hochfinanz und den Einmischungen durch bekloppte Regularien, die zahlreiche Bereiche unserer Wirtschaft ruinieren. In solch einem Rahmen wäre es weitaus einfacher, reale Vereinbarungen zwischen den Partnern der Union zu finden, Entwicklungsprojekte von längerer Dauer für Afrika aufzubauen, gemeinsam an einer Stabilisierung Libyens zu arbeiten, und damit die Ursachen für den Menschenhandel auszumerzen. Nicht zu vergessen, wie sehr ein solches Europa geopolitische Bedeutung gewinnen würde und diese dafür verwenden könnte, die friedlichen Verbindungen zwischen den anderen Mächten zu fördern, angefangen bei den Beziehungen zwischen Rußland und den USA. Ein Ziel, das zu Beginn des Jahrhunderts, nach dem Abkommen von Pratica di Mare* zum Greifen nahe schien, aber das leider in den letzten Jahren wieder in die Ferne rückte, bis hin zu den jüngsten Episoden eines neuen Kalten Krieges.

11. Mit welchem Alter sind Sie in die Politik eingetreten?
Mit sechzehn, siebzehn Jahren, ich war auf dem Gymnasium.

12. Stimmt es, daß Sie mal im Umfeld der autonomen Szene aktiv waren?
Diese Geschichte, ich sei in der linksautonomen Szene aktiv gewesen, ist eine Legende. Sie rührt noch aus der Zeit um 1993, kurz nachdem ich Stadtrat in Mailand wurde. Damals sollte das berüchtigte Autonome Zentrum »Leoncavallo« geräumt werden und es gab eine große Demonstration gegen diese Räumung. Ich kommentier-

---

* Ein Treffen zwischen der Nato und Rußland im Mai 2002 auf dem Luftwaffenstützpunkt Pratica di Mare bei Rom wird von dem Mitte-rechts-Zusammenschluß »Centrodestra«, damals unter der Führung Silvio Berlusconis, als bedeutendes Ereignis angesehen – eine umstrittene Betrachtung.

te das damals ungefähr mit den folgenden Worten: »Die randalierenden Chaoten gehören verhaftet und bestraft, aber nicht alle, die das Leoncavallo besuchen, sind straffällige Rumtreiber.« Sehen Sie, seitdem sind zwar etliche Jahre vergangen, aber diesen Satz würde ich sogar noch heute als Innenminister so unterschreiben. Damit wir uns verstehen: ich bin und bleibe der Überzeugung, daß diese autonomen Zentren geräumt gehören. Allein aus dem Grunde, daß ein Staat es nicht dulden kann, daß seine Gebäude illegal besetzt werden und sich dort Umtriebe breit machen, wie sie in solchen Zentren bekanntermaßen an der Tagesordnung sind, etwa der Verkauf und Konsum vielerlei Drogen. Um gar nicht erst von dem gewalttätigen politischen Extremismus zu sprechen, der für dieses Umfeld charakteristisch ist. Dennoch bleibe ich dabei, und daran ändern auch nicht die unzähligen Bedrohungen und Angriffe etwas, die ich seitens dieser Szene über die Jahre persönlich habe erdulden müssen. Wobei der Großteil der Leute dort Menschen sind, mit denen man reden und diskutieren kann. Zumal im direkten gegenüber, einzeln von Mann zu Mann. Es ist häufig der Herdentrieb, der ihnen die Sicherungen durchknallen läßt. Insbesondere dann, wenn sie rufen, man möge mir »aufs Maul hauen« und das den einen oder anderen Rädelsführer unter ihnen hoffen läßt, er könnte die »Bleiernen Jahre«[*] wieder aufleben lassen.

---

[*] Als *anni di piombo* werden in Italien die 1970er Jahre bezeichnet, die gekennzeichnet waren von dem Linksterrorismus der Roten Brigaden und von Attentaten neofaschistischer Extremisten, an denen möglicherweise Geheimdienste beteiligt waren.

13. Warum dann die Wende?
Die Begegnung mit der Politik fand in der Zeit des Gymnasiums statt. Meine Altersgenossen teilten sich in »Faschos« und »Genossen«, eine Unterscheidung, die schon damals nach dem Alten klang, verkrampft, wie die Idealisierung einer Vergangenheit, die bei den einen nicht überlebt hat, und der »Sonne der Zukunft«[*], die für die anderen zweifellos schon am Untergehen war. Keine der beiden Gruppen schien am konkreten Leben unserer schulischen Realität interessiert zu sein, die mir hingegen sehr viel dringlicher erschien.

14. Und warum haben Sie sich damals entschieden, tatsächlich in die Lega Nord einzutreten?
Die Lega der Anfangszeit repräsentierte für mich tatsächlich dies: offen sagen zu dürfen, daß ich Lombarde bin. Lombardisch zu wählen war gleichbedeutend damit, wieder beim Konkreten, beim eigenen Viertel, der eigenen Schule anzufangen, bei der Wirklichkeit, die man jeden Tag erlebt und über die die Bürger wieder Herr im Hause werden können, so die Prinzipien der Autonomie und des Föderalismus zur Anwendung kommen, die heute wieder weit verbreitete Konzepte in der politischen und kulturellen Landschaft sind. Wir dürfen nicht vergessen, daß diese Dinge damals, zu Beginn der 1990er Jahre, tatsächlich wie echte Häresien klangen.

15. Welche Werte finden Sie in der Lega, die man in anderen Parteien oder Bewegungen nicht findet?

[*] Zitat aus dem linken Partisanenlied *Fischia il vento* von 1943.

Die Lega durchbrach die alten Muster, hatte den Mut zu sagen, daß der Kaiser nackt war, sie rief jeden Menschen und jede Gemeinde zu der eigenen Identität und der Eigenverantwortlichkeit zurück, klagte den Steuerraub zum Schaden derer an, die Reichtum produzierten, und sagte die Migrationstragödie voraus, deren schlimmste Phasen wir heute erleben. Vor allem sprach die Lega von der Gegenwart und der Zukunft, unter befreiendem Einbezug des Erbes der Vergangenheit, das dagegen von den anderen, klassischen politischen Bewegungen erstickt wurde.

16. Was, meinen Sie, ist die tatsächliche Stärke der Lega?
Einst als Aktivist und heute als Parteivorsitzender bin ich mir einer einzigen Sache sicher: die Kraft der Lega liegt in ihren Mitgliedern, die jeden Tag die Büros öffnen, die Wahlstände aufbauen, die Feste organisieren und die Debatten auf den echten wie den digitalen Plätzen beseelen. Eine herrliche Gemeinschaft freier Männer und Frauen, die durch die Geschichte gegangen sind ohne ihren Enthusiasmus zu verlieren, sondern die diesem sogar neue Seiten abgewonnen haben. Vor allem sind es Menschen, die bereit waren, neue Energien aufzunehmen, sowohl bei den Jungen, die nun in immer größerer Zahl beitreten, wie auch bei den vielen, die es uns in diesen Jahren ermöglichten, auch in der Mitte und im Süden Italiens Wurzeln zu schlagen, wo es bis dahin unmöglich erschien, unsere Flagge mit Alberto da Giussano* voller Stolz geschwenkt zu sehen.

* Siehe Anmerkung S. 10.

17. Hätten Sie je erwartet, daß Ihre Partei in so kurzer Zeit so stark anwächst?

Ehrlich gesagt habe ich mich nie mit der Frage befaßt, ob uns die Bürger auf kurze, mittlere oder längere Sicht ihr Vertrauen schenken würden. Ich war mir nur sicher – wie ich es mir auch jetzt bin –, daß die Widersprüche, die die Lega in ihrer Geschichte gezeigt hat, früher oder später gelöst sein würden. Wenn es in dieser Hinsicht eine Beschleunigung gab, so denke ich, daß dies auch daran liegt, daß die Linke über viele Jahre beharrlich die Existenz der wirklichen und konkreten Probleme bestritten hat, die wir alle in unserem Alltag erleben müssen. Beginnend bei der immer massiveren und schädlicheren Präsenz von Ausländern in unseren Städten, über die Gegenreformation der Zeit Monti-Fornero, bis hin zu der völlig umnachteten Diskussion um Elternteil 1 und Elternteil 2, der irrsinnigen Verfassungsreform Renzis. Seit längerem hat sich das sogenannte progressive Lager von der Wirklichkeit abgekoppelt, darauf hoffend, die Bürger durch die Propaganda ihrer kleinen Fernsehsalons zu verzaubern. In dieser Hinsicht ist es nur normal, daß die Leute sich für den entschieden, der ihnen in diesen Jahren nahegestanden hat.

18. Warum glauben Sie, daß die Leute Sie so lieben?

Ganz unbescheiden glaube ich, daß die Menschen es schätzen, daß ich im Wesentlichen normal geblieben bin. Ein Mann, der vielleicht ein außergewöhnliches Leben führt, aber immer noch mit beiden Beinen auf dem Boden steht. Haben Sie noch Renzi vor Augen? Da sehen Sie das Gegenteil.

19. Und warum, glauben Sie, pflegen und demonstrieren Personen hauptsächlich auf der Linken einen so tiefen Haß gegen Sie?

Der Haß, den einige Linke auf mich empfinden, sei er klein oder groß, bleibt mir, glauben Sie mir, ein Rätsel.

20. Ihr Erfolg verdankt sich besonders auch ihren Kampagnen in den sozialen Netzwerken. Erscheint Ihnen dieses als gutes Instrument der Kommunikation?

Die sozialen Netzwerke sind sicherlich ein Schlüssel, um die Zeit, in der wir leben, zu verstehen, ganz offensichtlich auch im Hinblick auf die Politik. Sieht man ab von dem Mißbrauch, wie er leider in jedem Bereich existiert, bestand die Revolution darin, jeden Mittelsmann zwischen dem Bürger und seinen Repräsentanten zu entfernen. Jeder kann mir in jedem Augenblick öffentlich etwas schreiben, um die Debatte anzuregen, oder im Privaten, wo ich im Rahmen des Möglichen versuche, allen zu antworten. Früher hingegen mußtest du erst im Sekretariat des Sekretariats des Untersekretärs vorbeikommen oder an die Redaktion schreiben, die deinen Brief an den Direktor weiterleitete, der ihn dann – vielleicht – publizierte, aber erst nachdem er einen Teil rausgestrichen hatte, und so weiter. Kurz, das war eine andere Welt.

21. Betrachtet man aber die Fake News, die oft verbreitet werden, denken Sie nicht, daß das Schwert zweischneidig ist?

Die sogenannten Fake News hat es immer gegeben. Über mich zum Beispiel kursieren sie seit jeher. Jeden Tag weist man mir Worte, Absichten, Theorien oder Geheimpläne zu, die gar nicht existieren. Von Grund auf erfundenes Zeug. Sie kreisen um mich, wie sie um andere auch kreisen, Gott bewahre. Die Fake News sind ein Phänomen, das sich überall verbreitet und das Netz tut nichts anderes als ihre Verbreitung mittels der Suchmaschinen zu ermöglichen. Zum Glück läßt sich heute die Dementierung einer Fake News in wenigen Minuten regeln, früher mußtest du hingegen gezwungenermaßen den Folgetag mit einer neuen Zeitungsausgabe abwarten. Davon abgesehen muß man zwischen echten und falschen Fake News unterscheiden sowie jenen, die nicht der rüpelhafte Salvini sondern der äußerst raffinierte Schriftsteller Alessandro Baricco* in seinem jüngsten Buch *The Game* »aerodynamische Wahrheiten« nennt.

Ich sehe eine gewisse Verwunderung in Ihren Augen, so als würden Sie denken, wie jetzt? Salvini liest und zitiert Baricco? Und wenn es so wäre? Ich habe schon immer gerne alles Mögliche gelesen, ich hoffe, daß wir darüber noch sprechen werden. Auch wenn mich, um ehrlich zu sein, in diesem Fall, also auf die »aerodynamischen Wahrheiten« ein Freund hingewiesen hat.

So wie ich es verstanden habe, erklärt Baricco, daß Nachrichten im Grunde genommen, um reibungslos im Netz zirkulieren zu können, häufig immer mehr an Genauigkeit verlieren, an Daten, Zeiten, Zahlen und so weiter, um dafür umso stärker auf Suggestionswirkungen zu setzen, ohne allerdings den Bezug zur Realität gänz-

---

* Alessandro Baricco (*1958), italienischer Schriftsteller und Journalist, zahlreiche seiner Bücher sind auch ins Deutsche übersetzt worden. Bei *The Game* handelt es sich um einen Sammelband mit Texten zum digitalen Umsturz bzw. dem »Ineinandergreifen von Web und Welt«, erschienen 2018.

lich zu verlieren. Aber wie unterscheidet man nun das Wahre von den großen und den kleinen Schwindeleien oder der Provokation? Durch die Aufmerksamkeit jedes Einzelnen. Ohne eine dazwischengeschaltete Instanz. Das ist das Schöne.

22. Manch einer sagt, daß auch Sie, wie Renzi, eine Art »magischen Kreis« besitzen. Stimmt das oder handelt es sich nur um Profis, die mit Ihnen zusammenarbeiten?
Dieser magische Kreis ist noch so eine Großstadtlegende. Ich habe den größten Teil meines Lebens in der Lega verbracht und, wie es normal ist, dort wichtige Freundschaften geschlossen. Einige dieser Leute sitzen heute im Parlament oder nehmen wichtige Ämter ein, weil sie sich von Anfang an reingehängt und es sich damit verdient haben. Aber ich kann diesen Aspekt der menschlichen Beziehung gut davon trennen, ob jemand für ein Amt geeignet ist oder eher nicht. Wenn man eine funktionierende Regierung haben will, muß man auf die Kompetenzen achten.

23. Sprechen wir über die Politik. Was denken Sie über das »Centrodestra«?
»Centrodestra« ist eine Politikformel, die seit vielen Jahren in Tausenden von Gemeinden und in vielen Regionen des Nordens und Südens zum Synonym für gute Verwaltung geworden ist. Auch im Parlament bestehen neben den Unterscheidungen zwischen Europa- und Sozialpolitik weiterhin wichtige Übereinstimmungen in Bezug auf Steuerfragen und Sicherheit. Die Europawahlen werden ein guter Test sein, um den Wählerwillen zu verstehen.

24. Und was denken Sie über Forza Italia?

Es ist nicht meine Aufgabe, die Bilanz der Geschichte von Forza Italia zu ziehen, doch glaube ich – sieht man von einigen Schnitzern ab, die umgehend von den Wählern pariert wurden –, daß man dieser politischen Kraft und ihrem Gründer, Silvio Berlusconi, verdankt, daß etliche Grundpfeiler der liberal-rechtsstaatlichen Kultur bewahrt und in Praxis umgesetzt wurden. Auch sollten wichtige Erfolge vor allem in der Außenpolitik nicht vergessen werden, die einen Großteil des Handelns der von Berlusconi geführten Regierungen ausmachten.

25. Und über Fratelli d'Italia?

Auch hier möchte ich keine Noten erteilen und beschränke mich darauf, hervorzuheben, daß es Giorgia Meloni mit großer Beharrlichkeit gelungen ist, eine politische Tradition wiederzuerwecken, die Gianfranco Fini[*] mit seinen Häusern in Monte Carlo und Ähnlichem beinahe endgültig begraben hätte.

26. Und noch eins: Was denken Sie über den Partito Democratico und über Renzi?

Einige mögen es seltsam finden, aber ich wünschte mir, daß der Partito Democratico möglichst bald wieder zu sich selbst zurückfindet. Daß er seine Wurzeln wie seinen Stolz im Bereich seiner ursprünglichen, ureigenen Themen wiederentdeckt. Zwar teile ich diese im Allgemeinen nicht,

---

[*] Gianfranco Fini (*1952), italienischer Politiker, u.a. 2004 – 2006 Außenminister, Vorsitzender der Alleanza Nazionale; 2010 Finanzskandal um ein Haus in Monte Carlo. Fratelli d'Italia wurden 2012 aus früheren Mitte-rechts-Parteien wie Alleanza Nazionale neu gegründet.

doch repräsentieren sie einen bedeutenden Teil unserer Gesellschaft, der es wert ist, vertreten zu werden. So funktioniert die Demokratie. Muß ich wirklich über Renzi sprechen? Ich versuche ihn zu vergessen, wie alle Italiener. Lassen Sie mich bitte nicht an ihn denken.

27. Welche Meinung haben Sie über die extremere Linke?
Das, was ich über den Partito Democratico sagte, gilt auch für die Genossen links des PD. Wenn ich mir einen ungefragten Rat erlauben darf, so glaube ich, daß sie zu ihren Themen zurückkehren sollten, die sie in den letzten Jahren vernachlässigt haben: die Arbeit, die Belange der Vorstädte, die Renten. Wir haben ein Rezept für diese Alltagsrealitäten, es heißt mehr Sicherheit, mehr Sozialstaat, weniger Steuern, weniger Bürokratie, höhere Löhne. Doch welches ist das Rezept der Linken?

28. Und was denken Sie über Leute wie Boldrini, Vauro und Saviano, die keine Möglichkeit auslassen, Sie zu attackieren?
Ich würde sie am liebsten einfach mit einem Witz abfertigen, so wie ich es gerne tue. Aber ich möchte die Gelegenheit unseres netten Gespräches nutzen und mich gar nicht so sehr zu diesen von Ihnen genannten Personen äußern. Eher möchte ich mich an all jene wenden, die glauben, eine politische Alternative zur Lega aufbauen zu können, indem sie schlecht über Salvini sprechen. Ihr macht einen gewaltigen Fehler. Ich wiederhole, die Politik beginnt, wenn man einen Neuanfang wagt, sie beginnt mit Ideen, mit konkreten Vorschlägen, mit Mut und einem offenen Ohr für die Nöte der Menschen. Als die Lega in einer weitaus ärgeren Lage war als es die

Linke heute ist, haben wir nicht angefangen, diesen oder jenen Angehörigen der damaligen Mehrheit laut zu beleidigen, sondern haben auf Menschen gesetzt, auf die Beteiligung derer, die der Politik eigentlich fern standen, auf die Treue gegenüber den Versprechen, die wir im Wahlkampf gemacht haben und zu deren Einhaltung wir uns noch heute verpflichtet sehen.

29. Was denken Sie über Umberto Bossi?
Bei Bossi gebe ich zu, nicht unparteiisch sein zu können. Er und Franco Baresi waren die Helden meiner Jugend. Ich glaube jedenfalls, daß man wirklich verblendet sein muß, um nicht anzuerkennen, daß er die Heucheleien der Ersten Republik aufgebrochen hat. Er ist der erste gewesen, der der Politik wieder eine menschliche Dimension gegeben hat und außerdem Konzepte in den Diskurs einbrachte, die fast alle neu waren in der politischen Landschaft: den Föderalismus, die Verteidigung derer, die wertschöpfend arbeiten, die Warnung vor den negativen Folgen der Einwanderung, den Kampf gegen die Meinungsverbrechen oder den Landschafts- und Umweltschutz. Und dann seine Kritik an einem Europa der Bankiers und Bürokraten, das gegen die Völker und Arbeiter agiert – fast zwanzig Jahre vor dem, was wir heute erleben.

Sicher, es gab Übertreibungen, Dinge, die man nach heutigem Ermessen hätte vermeiden können, aber im Ganzen halte ich ihn für einen großen Politiker.

Aber wie kann das sein, werden Sie jetzt sagen, Bossi nutzt doch jede Gelegenheit, um dich zu kritisieren, und oft distanziert er sich öffentlich von deiner nun einmal national ausgerichteten politischen Linie, und da sagst du, daß er ein Großer sei? Ja, das meine ich ernst. Aber ich sagte ja schon, daß ich hier nicht unparteiisch bin. Auch wenn ihm manche Beschimpfung gegen mich herausrutscht, ich mache mir da nichts draus. Es war immer so, auch als er Parteichef und ich noch ein einfacher Kreisvorsitzender war. Er rief mich zu Hause an, oft und gerne in der Nacht, um mich grob dafür zu schelten, daß ich dieses und jenes *nicht* getan hatte. Und doch war ich froh, daß Bossi überhaupt die Zeit fand, mit mir zu sprechen. Wie Sie sehen, kann ich hier nicht unparteiisch sein.

30. Und wie halten Sie es mit der Fünf-Sterne-Bewegung?
Die Fünf-Sterne-Bewegung? In all den Monaten unserer gemeinsamen Regierung bin ich zu der Erkenntnis gekommen, daß diese Partei einer Art großen offenen Wählergemeinschaft gleicht, sich aber in grundlegenden Merkmalen nicht allzu sehr von denen unterscheidet, die uns in vielen lokalen Gemeindeverwaltungen unterstützen. Ich will damit sagen, daß es wie bei den offenen Bürgerlisten auch innerhalb der von Grillo gegründeten Bewegung sehr verschiedene politische Empfindsamkeiten gibt, doch vereint alle Beteiligten der Wunsch, aktiv zu sein und einen Beitrag zu leisten, wohingegen andere politische Bewegungen offensichtlich nicht mehr in der Lage sind, solchem Tatendrang eine politische Heimat zu geben. Ich verstehe, daß es daher mitunter schwierig für sie ist, eine gemeinsame Linie zu finden, die alle Strömungen mittragen können. Aber glücklicherweise haben wir einen Vertrag, der uns »legiert« [Wortspiel mit »Lega«].

31. Erscheint Ihnen ein Regierungsvertrag mit einer von der Lega so unterschiedlichen politischen Bewegung nicht unnatürlich?

Ich wiederhole, genau deshalb gibt es den Regierungsvertrag, in dem wir schwarz auf weiß festgelegt haben, was wir machen werden. Ohne diese Verpflichtung hätte unsere Allianz keinen Sinn. Deshalb haben wir auch entschieden, in der Öffentlichkeit mit aller Klarheit darüber zu sprechen. Ich glaube, daß das eine schöne Wende war, um die Verbindungen zwischen politischen Kräften zu verstehen, nach all den Jahren der Geheimverhandlungen in Hotelzimmern oder Parteizentralen im Stile des Nazarener-Paktes.*

32. Ist Luigi Di Maio ein guter Kollege?

Die Vergabe von Schulnoten steht mir nicht zu. Aber zu Di Maio darf ich sagen, daß er ein ehrlicher Mann ist, zuverlässig und korrekt. Das genügt mir; Sie werden sich an das erinnern, was ich zur Loyalität sagte ...

33. Halten Sie Giuseppe Conte für einen guten Premier?

Giuseppe Conte ist ein Mann von großer Stärke. Sein Talent zur Vermittlung gleicht oft meine etwas schroffe Linientreue aus. Konkret ist es ihm gelungen, große internationale Erfolge zu erzielen. Denken Sie nur an die für Italien ausgehandelten Ausnahmen bezüglich der von den Amerikanern verhängten Zölle gegen den Iran – Ausnahmen, die für unsere Exportwirtschaft Milliarden

---

* Der »Patto del Nazareno« war eine 2014 zwischen Matteo Renzi vom Partito Democratico und Silvio Berlusconi von Forza Italia geschlossene Vereinbarung zu einer Reihe von Reformen, so etwa zu einem neuen Wahlgesetz.

wert sein können. Oder denken Sie daran, wie er mich dabei unterstütze, die Migranten der »Sea Watch« zwischen den europäischen Ländern zu verteilen.

34. Habt ihr euch auch deswegen entschieden, mit der Fünf-Sterne-Bewegung zu koalieren, um eine technische Regierung zu verhindern oder gab es andere Risiken?
Nun, es ist keine verschwörerische Rekonstruktion meinerseits, aber es genügt, sich ins Gedächtnis zu rufen, daß tatsächlich genau da, als wir dabei waren den Koalitionsvertrag zu unterzeichnen, um mit der Regierung zu beginnen, Herr Cottarelli* im Quirinale** den Auftrag erhielt, die Regierung eines breiten Bündnisses zu formen.

35. Glauben Sie, diese Regierung wird bis zum Ende der Legislaturperiode halten?
Unsere gemeinsam eingegangene Verpflichtung gilt für fünf Jahre und ich werde alles dafür tun, um die eingegangenen Verpflichtungen zu erfüllen, von der ersten bis zur letzten.

36. Was erwarten Sie sich von den kommenden Europawahlen?
Ich glaube, daß die folgenden Europawahlen das große Wiedererwachen unseres Kontinentes sein wer-

---

* Carlo Cottarelli (* 1954), italienischer Ökonom, arbeitete für den IWF; im Mai 2018 wurde er nach einer gescheiterten Regierungsbildung von Staatspräsident Sergio Mattarella mit der Bildung einer Übergangsregierung betraut. Drei Tage danach gab Cottarelli den Auftrag wieder zurück, nachdem sich im zweiten Anlauf eine Regierungsbildung zwischen der Fünf-Sterne-Bewegung und der Lega abzeichnete.

** Der Quirinalspalast ist der Amtssitz des Staatspräsidenten.

den, ein Ereignis, dessen man sich gleich dem Fall der Berliner Mauer 1989 in den Geschichtsbüchern erinnern wird. Die Völker, die Gemeinschaft, das konkrete Leben der Menschen werden ins Zentrum der politischen Agenda zurückkehren, um die Union auf der Basis von Demokratie, Arbeit, Souveränität und gleicher Würde zwischen den Mitgliedsstaaten neu zu gründen. Hingegen wird der lange Winter der fatalen Austeritätspolitik, der irrsinnigen Winkelzüge und Verordnungen, die viele Bereiche unserer Wirtschaft vernichtet haben, ein für alle Mal zu den Akten gelegt werden.

37. Sie haben einmal gesagt »nie wieder mit Centrodestra«. Würden Sie das überdenken wollen oder steht die Entscheidung?
Ich habe nie gesagt, daß ich die gemeinsame Zeit von Centrodestra als endgültig beendet betrachte. Absolut nicht. Es gibt hunderte Gemeinden und Regionen, in denen man gut miteinander regiert, und ich glaube, daß, wenn wir in der Lage sind, einige Zerwürfnisse zu überwinden, die hauptsächlich die Rolle Italiens in Europa betreffen, wir noch einen langen Weg gemeinsam zurücklegen können. Vielleicht schon ab der nächsten Legislaturperiode, wer weiß …

38. Einwanderung: Was tun Sie, um das Problem zu lösen?
Wir tun, was schon seit langem hätte getan werden müssen: Ordnung schaffen. Zuallererst die Grenzen kontrollieren und den Menschenhandel bereits im Keim beseitigen, der dank der Migrationsströme bis vor kurzem noch prosperierte. Wir bemühen uns, in vielen

Regionen Italiens, in denen sich echte rechtsfreie Räume der Kriminalität, des Verfalls, der Ausbeutung und des Drogenhandels gebildet haben, die Normalität wiederherzustellen. Ich denke etwa an die Barackenvorstadt von Rosarno und jene von Borgo Mezzanone in Foggia, aber auch an die Torri di Zingonia* und an tausend andere kleine und größere Maßnahmen, durch die wir den Bürgern ganze Regionen zurückgeben und wieder in die Legalität überführen wollen.

39. Ist Ihr Slogan »die Häfen bleiben geschlossen« wirklich die richtige Lösung?
Geschlossene Häfen sind selbstverständlich nicht die endgültige Lösung des Problems illegaler Einwanderung. Mir ist bewußt, daß sie nur zur Behandlung der Symptome verwendet werden, nicht der Krankheit. Um die Ursachen zu bekämpfen braucht es eine vernünftige Einigung auf europäischer Ebene, das, was die Experten »eine geopolitische Lösung« nennen würden, auf das Mittelmeer und Afrika ausgerichtet, um dortige Länder zu stabilisieren und ihnen Entwicklung, Fortschritt und Zusammenarbeit zu bringen. Im Kleinen setzen wir uns bereits in diesem Sinne ein, doch sind das Tropfen auf den heißen Stein, wenn es uns nicht gelingt, diese Anstrengungen mit anderen europäischen Ländern zu koordinieren.

---

* Die Torri di Zingonia sind ein Viertel mit Wohnhochhäusern zwischen verschiedenen Gemeinden in der Provinz von Bergamo aus den 1960er Jahren, mit deren Abriß im Mai 2019 begonnen wurde.

40. Was denken Sie über die NGOs?

Hier erwartet man jetzt sicher eine Schmähung. Salvini gegen die NGOs, Salvini haßt die NGOs und so weiter. Aber weit gefehlt. Wenn ich grundsätzlich gegen das Engagement der NGOs im Mittelmeer bin, dann nicht wegen irgendwelcher ideologischer Vorverurteilungen oder Antipathien. Vielmehr beunruhigt mich ihre Funktion als »Pull-Faktor« für noch weitere Migrantenströme oder auch ihre faktische Komplizenschaft mit den Aktivitäten der Menschenhändler, die regelrechte Nußschalen aufs Meer schicken – lebensgefährlich für alle Migranten an Bord, die sich ja berechtigte Hoffnungen machen, schon nach wenigen Meilen vor der Küste aufgefischt zu werden. Sehen Sie, ich würde dieses Konzept gerne in Ruhe den Menschen erklären, die ja nicht unbedingt immer aus böser Absicht in diesem Bereich engagiert sind. Wenn ihr aber hingeht, um sie abzuholen, provoziert ihr weitere Abfahrten. Wenn ihr weitere Abfahrten provoziert, steigert ihr die Gewinne der Menschenhändler. Wenn die Schmuggler mehr Geld haben, können sie sich mehr Waffen und Drogen beschaffen. Und hauptsächlich wird es mehr Tote auf See geben. Hingegen haben sich die Todesfälle im Mittelmeer inzwischen, seitdem im Innenministerium der ach so schlimme Salvini sitzt, drastisch verringert.

41. Was passiert nach Inkrafttreten des neuen Sicherheits-gesetzes mit all den Migranten, die in Italien herumlaufen?

Also durch das Sicherheitsdekret wird niemand auf der Straße enden. Wir haben für Ordnung gesorgt. Wer Asyl beantragt, wird Zugang zu einem Service erhalten, den wir »das Vorzimmer« nennen. Bevor wir wissen, ob sein Antrag bewilligt wird oder nicht, hat er dort ein Dach über dem Kopf und bekommt drei Mahlzeiten am Tag. Wer dann als Flüchtling anerkannt wird, kann, so er will, an einer Maßnahme zur beschleunigten Integration teilnehmen, die, beachten Sie das bitte, dieselbe ist, mit der sogenannte »schutzbedürftige« Personen, zumeist Frauen und Kinder, von Anfang an gefördert werden.

Für den hingegen, der kein Recht auf die Anerkennung als politisch Verfolgter hat, gibt es die Rückführung. Punkt. Sicher, dieser Aspekt ist heikler, da hier Schwierigkeiten rund um das Thema Identitätsfeststellung hinzukommen, darüber hinaus fehlen bilaterale Abmachungen, an denen wir seit mehr als einem Jahr arbeiten. Aber das Ziel hat sich nicht geändert: Regeln, Regeln, Regeln. Zum Schutz aller, der Italiener wie auch der Ausländer.

42. Warum gab es bei Ihrer Konfrontation im Fall Diciotti* eine so große Verbissenheit?

Ich denke, wegen der Überraschung. Sowohl bei denen, die seit langem eine Begrenzung bei den Bootslandungen forderten, wie auch bei denen, die sich in diesen Jahren mittels der Migrationsströme regelrechte Vermögen verdient haben. Sie dachten, sie hätten ein System jenseits der Politik konstruiert, ähnlich einem Mechanismus, der unabhängig vom Willen des Volkes oder derer, die an der Regierung sitzen, funktioniere. Nichts da! Wir haben ge-

---

* Salvini hatte im Sommer 2018 das Küstenwachenschiff Diciotti mit 177 Migranten an Bord untersagt, an italienischer Küste anzulegen; er hob das Verbot erst dann auf, als die Staatsanwaltschaft gegen ihn wegen Freiheitsberaubung und Amtsmißbrauchs zu ermitteln begann – letzteres bezeichnete er später als »Ehrenmedaille«.

zeigt, daß man die Landungen sehr wohl stoppen kann. Und nach nunmehr einem Jahr sind es die Zahlen, die für sich sprechen, nicht Salvini.

43. Sehen Sie keine Feindschaft von Teilen der italienischen Richterschaft?
Die Arbeit der Richter ist die schwierigste auf der Welt. Ich danke ihnen für das, was sie tun, weil häufig dank ihres Eingreifens viele gefährliche Phänomene, die unserer Gesellschaft schaden, eingedämmt werden. Angefangen bei der Korruption, dem Kampf gegen die Mafia, bis zu den vielen kleinen Einzelfällen, über die nie gesprochen wird, die aber den Kern der täglichen Arbeit der Staatsanwaltschaft bilden. Damit möchte ich sagen, wenn ein Staatsanwalt einen Einbrecher, einen Gelegenheitsdieb, einen Handtaschenräuber vernimmt, hat er sicher nicht die gleichen Möglichkeiten wie seine Kollegen, die mit aufregenderen Fällen beschäftigt sind, und doch weiß er, daß die Verantwortung, den Opfern der Verbrechen ein bißchen Gerechtigkeit wiederzugeben, ganz auf seinen Schultern ruht. Es ist die Last einer komplizierten Aufgabe, die Respekt verdient. Eine Arbeit, der die Verfassung berechtigterweise einen riesigen Handlungsspielraum gewährt, um zu gewährleisten, daß die Judikative unabhängig bleibt.

Wenn es aber jemanden gibt, der diese Freiheit mißbraucht – nun, es ist nicht an mir, das zu sagen, aber einiges geschieht hier vor aller Augen: irrwitzige und endlose Untersuchungen ohne Hand und Fuß, die nach jahrelangen Verhandlungen oftmals in aufsehenerregende Freisprüche münden. Ich glaube, daß diese wenigen Fälle ein Problem darstellen, in erster Linie für das Richteramt, weil es an dieser Stelle riskiert, seine Glaubwürdigkeit zu verlieren.

44. Haben die Richter nicht zuviel Macht? Und wenn ja, wie läßt sich dieses Problem lösen?
Man muß – bei vollem Respekt vor der Unabhängigkeit der Rollen – zusammenarbeiten. Die gesetzgebende Gewalt muß Gesetze erlassen, die einfach zeitgemäßer sind. Der Richter muß sie anwenden und durchsetzen, ohne ein normales Maß an Interpretation, das alle komplexen Systeme kennzeichnet, zu mißbrauchen.

45. Unter den Ordnungskräften beklagen viele, daß die Richter Kriminelle sofort nach ihrer Verhaftung wieder laufen lassen. Was kann man dagegen tun?
Die Antwort sind Gesetze, die der konkreten Wirklichkeit unserer Städte angemessen sind. Bedenken Sie, daß die Grundlage, auf die sich unser Strafgesetzbuch stützt, noch immer der Codice Rocco von 1930 ist, der nicht nur, insbesondere in seinen die Öffentlichkeit betreffenden Stellen, geschaffen wurde, um die Diktatur zu bewahren, sondern der heute schlicht aus der Zeit fällt. Häufig erweist er sich als völlig inadäquat, den neuen Formen der Kriminalität zu begegnen, die in den letzten Jahren unsere Wirklichkeit völlig umgeformt haben. Wir arbeiten daran, diesen schweren historischen Rückstand zu überwinden, was übrigens von der Politik bislang nie ernsthaft versucht worden ist. Wir versprechen keine Wunder, doch glaube ich, daß wir mittels Videoüberwachung, neuen Verfügungen zur öffentli-

chen Ordnung und mehr Mitteln für die Bürgermeister in die richtige Richtung gehen.

46. Man hat Sie kritisiert, weil Sie sich oft die Uniform von Ordnungskräften anziehen. Was steckt dahinter?
Um ehrlich zu sein, hat das zwei Gründe. Der erste und ernsthaftere betrifft die Anerkennung, die ich – wenn ich symbolisch die Jacke der Polizei oder anderer Ordnungskräfte anziehe – jenen Tausenden von Männern und Frauen gegenüber zum Ausdruck bringen will, die jeden Tag ihr Leben riskieren, damit wir das unsere in Ruhe führen können. Es gefällt mir, diese Menschen die Nähe ihres Ministers auch auf diese Weise spüren zu lassen. Einfach mit Stolz ihre Symbole zur Schau zu tragen. Wenn sie mir dafür danken, ist das die größte Genugtuung. Und es ist, wenn ich das sagen darf, ein Grund für mich, um stolz zu sein.

Sie haben aber von zwei Gründen gesprochen?
Ach ja, aber der zweite ist weniger ernst. Es geht mir darum, zu entdramatisieren. Aber Sie wissen ja, wenn ich einen Witz mache, wird es zu einem Staatsakt und man dreht mir die Worte im Munde rum …

Seien Sie beruhigt, es bleibt unter uns …
Unter uns und den vielen Tausenden, denen wir mit diesem Buch Gesellschaft leisten – was ich ebenso mir wie Ihnen wünsche. Nein, Spaß beiseite. Sehen Sie, wenn Saviano* mich kritisiert, weil ich manchmal

---

* Roberto Saviano (*1979), Vorzeigeintellektueller und Autor, etwa des Anti-Mafia-Bestsellers *Gomorrha*. In den italienischen Medien und sozialen Netzwerken ist eine Art Hahnenkampf zwischen ihm und Salvini entstanden. Saviano wirft dem Innenminister Rassismus und Hetze vor, dieser beckmessert ihn, ein unerträglicher Gutmensch zu sein.

Polizeiuniformen trage, dann ziehe ich am nächsten Morgen natürlich gerade wieder eine solche Jacke an! Und zwar um zu entdramatisieren! Aber Sie werden sehen, wenn ich das jetzt sage, wird irgendwer sicher einen tieferen Sinn dahinter konstruieren. Können Sie sich vorstellen, daß es Journalisten gibt, die überzeugt sind, daß ich mich aufgrund eines strengen Programms genialer politischer Kommunikation so kleide? Dagegen würde ich mir wünschen, sie könnten mich am Morgen sehen, wenn ich noch im Halbschlaf meine Hand in den Kleiderschrank stecke und mir einfach das anziehe, wonach mir gerade ist, wie jeder andere auch.

47. *Das neue Notwehrrecht. Ein Gesetz der Lega. Warum ist es so wichtig?*
Mehr als ein Gesetz der Lega ist es ein Ausdruck von Zivilisiertheit. Daß die Bürger sich bei Angriffen nun endlich verteidigen dürfen, ist, denke ich, eines der größten Verdienste dieser Regierung. Ich fange mit etwas ganz Konkretem an, danach sage ich einige prinzipielle Dinge. Wissen Sie, wie viele Unternehmer in ihren Firmen schlafen, in ihren Warenlagern, weil sie schon Dutzende von Malen ausgeraubt wurden? Ein Apotheker erzählte mit vor einer Weile einen wirklich grotesken Umstand. Er sagte, daß unter den Dingen, auf die er bei Einarbeitung eines neuen Angestellten achten muß, auch sein Verhalten während eines Überfalls ist. Er hat siebzehn davon erlitten. Mittlerweile ist er zu einem Experten geworden, so daß er dem armen Neuangestellten erklärt, was zu tun und zu unterlassen ist, was man sagt, welche Schubladen man öffnet, wann man die Polizei ruft und

wie man mit der Angst der Kunden umgeht. Und da frage ich mich, was soll jemand denken, der so etwas hört
und doch eigentlich nur Apotheker sein wollte. Nur, wissen Sie, bei den alten Gesetzen konnten die Kriminellen
gleich auf zwei psychologische Vorteile bauen: den Über-
raschungseffekt und mehr noch auf die Gewißheit, daß
das Opfer nicht zwei-, sondern tausendmal nachdenken
mußte, bevor es reagierte. Jetzt läuft das anders. Ganz
gleich, ob zuhause, bei der Arbeit, auf der Straße – wer
angegriffen wird, darf sich verteidigen. Punkt. Und lassen
Sie mich sagen, daß die Rolle der Polizei dadurch überhaupt nicht beschnitten wird, diese bleibt zentral erhalten, denn es geht hier natürlich nur um Fälle ganz konkreter Notlagen, wenn Gefahr in Verzug ist und kein spe-
ziell ausgebildetes Personal einschreiten kann.

Mit diesem Gesetz haben wir außerdem, denke ich,
endlich die inakzeptablen Leidensbiographien verkürzt,
die das Leben vieler Menschen im Gefängnis gekennzeichnet haben. Oder auch jener, die in den Jahren zuvor unter Anklage standen, von Antonio Monella bis
Mario Cattaneo von der Osteria Dei Amis bei Lodi bis
zu Ermes Mattielli und vielen anderen*, die in diesen
Jahren die dunkelsten Seiten unserer Berichterstattung
gefüllt haben.

Soviel zum Konkreten, das stets das wichtigste
ist. Die eher allgemeinen, sozusagen abstrakt-juristi-
schen Überlegungen gehen dahin, daß wir mit dieser
Maßnahme dem Einzelnen eine größere Souveränität

---

* Es handelt sich um Fälle, bei denen Personen, die sich gegen Kriminelle
verteidigt hatten, zu Haftstrafen verurteilt wurden; Salvini stellte sich stets auf
ihre Seite.

gegenüber dem eigenen Leben zugestehen, seinem Eigentum, seinem Recht darauf, von Eindringlingen verschont zu bleiben und zwar an der wichtigsten Grenze, die uns alle normalerweise vom Rest der Welt trennt: der eigenen Haustür.

In diesem Zusammenhang sehe ich auch unsere anderen politischen Schlachten, die scheinbar ganz verschieden sind von der Frage nach dem Recht auf Notwehr, nämlich den Kampf gegen die Einwanderung, für die Steuerreduzierung und für die Autonomie der Regionen. Alles dies sind Gefechte, um die Menschen selbst wieder zu Hauptdarstellern, zum Mittelpunkt des öffentlichen Lebens zu machen, nach einer zu langen Zeit, in der absurde Regeln von oben sie augenscheinlich zu Komparsen degradiert hatten.

48. Kommen wir zu Europa. So, wie die Dinge heute stehen, würden Sie aus dem Euro aussteigen wollen?
Roosevelt hat immer wieder das Folgende gesagt: »Wenn Dinge nicht funktionieren, sind sie zu ändern.« Amerikanischer Pragmatismus. Zum Euro denke ich, daß wir durch ihn genau erkennen können, welche Stellung wir beziehen müssen, nachdem wir nach Jahrzehnten des Festhaltens an starren Parametern, dogmatischen Glaubenslehren und Handelsungleichgewichten da angelangt sind, daß die eine Hälfte Europas verarmt ist, während die andere Hälfte sich bereichert hat. So funktioniert es nicht. Das ist zu ändern. Die Europäische Union muß aufhören, sich als eine Art Superstaat zu betrachten, der außerdem all die Fehler der nationalstaatlichen Mechanismen nur wiederholt und oft sogar verdop-

pelt, von der Hyperbürokratie bis zu der Anmaßung, die Welt aus dem Büro heraus regieren zu wollen.

Stattdessen muß sich die Union über das identifizieren, was sie wirklich ist, nämlich eine permanente Aushandlung verschiedener Interessen. Nur so kann man hoffen, daß sie ihre Borniertheit aufgibt, den demokratischen Willen respektiert und folglich Wohlstand und Zusammenhalt zwischen den Völkern ermöglicht, aus denen sich die EU zusammensetzt. Ansonsten kann das Gefühl der Abneigung gegen diese Gemeinschaftsinstitution nur stärker werden und das, glauben Sie mir, erfreut mich keineswegs. Im Gegenteil, es besorgt mich. Warum? Weil wir gemeinschaftliche Abstimmung brauchen, allemal bei den großen geopolitischen Herausforderungen, bei denen man heute mit Giganten wie Indien, China, Rußland, nicht zu reden von den USA, konkurriert. Aber ein solch gemeinschaftliches Vorgehen ist etwas, das sich unter Gleichen vollziehen muß, auf horizontaler Ebene, nicht durch Einheitsvorgaben, die bloße Hörigkeit einfordern, etwa durch die Normierung von Gurkenlängen, was bedauerlicherweise immer noch geschieht.

49. Was denken Sie über die Franzosen?

Die Franzosen, so glaube ich, leiden unter einer gewaltigen Identitätskrise in ihrem Land. Sicher, es gibt auch einen ökonomischen Druck, der die Straßen seit Monaten mit den Demonstrationen der Gelbwesten füllt, aber mein Eindruck als Beobachter ist der, daß jahrzehntelange unkontrollierte Einwanderung, verbunden mit einer wachsenden Kluft zwischen wenigen großstädtischen Zentren und den vergessenen Peripherien, einen Konflikt erzeugt hat, der viel tiefgehender ist, als es die gewaltsamen Ausschreitungen auf der Straße nahelegen, die natürlich immer zu verurteilen sind. Für die Bürger ist es so, als könnten sie ihren eigenen Wohngebiete nicht mehr wiedererkennen, da diese entstellt sind, sowohl architektonisch durch die Tempel der Globalisierung, wie auch durch die dem Alltagsleben zugemutete irrsinnige Zahl von Menschen, die aus Breiten und Kulturen stammen, die Lichtjahre entfernt sind von den Prinzipien des Laizismus, der Freiheit, Gleichheit und Brüderlichkeit, die die Welt von Frankreich geschenkt bekommen hat. Ich habe keine Ahnung, wie es ausgehen wird, werde aber mit Sicherheit alles tun, damit das, was jenseits der Alpen passiert, sich in Italien nicht wiederholt.

50. Und über die Deutschen?
Die Deutschen sind für uns ein nicht leicht zu verstehendes Volk. Ich erzähle Ihnen eine Geschichte, die mir eine italienische Forscherin geschrieben hat, die in Bayern arbeitet; eine der viel zu vielen jungen Leute, die bei uns keinen gescheiten Arbeitsplatz finden und auswandern, um andere Länder zu bereichern. Sie studiert Sprache und was sie schrieb, machte mir ein paar Grundsätzlichkeiten bewußt, die unser Verhältnis zu Deutschland betreffen. Denken Sie nur an die Sonne, ja an *die* Sonne. In unserer Grammatik ist sie ein männliches Substantiv, in der deutschen hingegen ein weibliches. Im Gegensatz dazu ist der Mond für sie männlich. Es ist nicht leicht, auf diese Sichtweise einzuschwenken. Sehen Sie, diese Dinge sind vielleicht gar nicht so nebensächlich. Insbesondere

dann nicht, wenn sie uns zu verstehen helfen, wie sehr diese seltsame Anziehungskraft zwischen Deutschland und Italien uns schon seit Ewigkeiten begleitet und dabei nicht selten von wechselseitig empfundenen Zwängen beeinflußt wird, die eine oder andere Leere in uns füllen zu müssen. Wir sind voneinander fasziniert und doch fällt es anscheinend sehr schwer, uns in den jeweils anderen hineinzuversetzen. Dabei scheint mir aber doch, als würde sich politisch auch bei den Deutschen etwas verändern und darauf hinzielen, die Macht wieder zurück in die Hände des Volkes zu legen. Beinahe so, als hätten die Deutschen ihre Phase der Hegemonie, auch wenn sie zuletzt nur eine ökonomische war, endgültig ad acta gelegt und als würden sie es nun doch vorziehen, an einer gemeinsamen Zukunft zu arbeiten, in der der Wohlstand etwas breiter verteilt sein wird. Wir werden sehen …

51. Und zu Trump?
Donald Trump ist das wichtigste Beispiel für jene neue Welle, die den Westen so elektrisiert. Wie viele andere Exponenten des sogenannten Souveränismus wird er von den großen Medien ständig dämonisiert, auch von den italienischen, die keine Gelegenheit auslassen, um sich auf jeden vermeintlichen Fauxpas oder Verstoß gegen die Etikette zu stürzen. Wenn das Ergebnis jedoch ist, daß sich die Vereinigten Staaten seit Trumps Wahl in einer beständigen Phase des Wirtschaftswachstums befinden, wenn diplomatische Ziele erreicht wurden, wie man sie vorher nie gekannt hat, etwa in Nordkorea, dann scheint Trump ja wohl doch ein fähiger Präsident zu sein. Das müssen mehr oder weniger auch die

amerikanischen Wähler gedacht haben, die ihn im Zuge der Halbzeitwahlen mit einem Ergebnis belohnt haben, das es ihm erlauben wird, sein Mandat mit der vollen Legitimation des Volkes weiterzuführen.

52. Was denken Sie über Soros?

An Soros schätze ich seine Transparenz. Wer neugierig ist, schaue sich mal die Internetseite seiner Stiftung an. Dort kann man es schwarz auf weiß nachlesen, mit welchen Beschönigungen uns ein nicht wiederzuerkennender Westen, der völlig entstellt und durchmischt ist von der Aufnahme riesiger Migrantenströme aus Afrika und anderswo, als eine große Errungenschaft der Zukunft präsentiert wird. Als ein Paradies, das uns alle schöner, besser und solidarischer und, ich füge hinzu, auch leichter steuerbar machen soll für diejenigen, die uns ein Einheitsdenken, einen Einheitsmarkt, eine Einheitskultur und so weiter aufzwingen wollen.

53. Und über den Souveränismus?

Der Begriff Souveränismus ist derzeit in aller Munde. Vorher war es der Populismus, Sie werden sich erinnern. Nur daß mittlerweile selbst die größten Feinde der Demokratie sich schämen, diesen Begriff zu bemühen, um ihre Verachtung des Wählerwillens auszudrükken, was ihnen in den Ergebnissen der letzten Wahlen heimgezahlt wurde. Deshalb spricht man nun lieber von Souveränismus. Ich wiederhole, es handelt sich um ein neues Wort, das gerade starke Verbreitung findet. Es ist noch zu früh, um zu erkennen, ob der Begriff dazu taugt, eine konkrete Weltanschauung zu umschreiben, doch ist der Souveränismus gewiß ein Ansatz, um etwa eine ideologische Kohärenz zwischen verschiedenen Themen herzustellen. Denken Sie nur an den Fall des neuen Notwehrrechts, über den wir zuvor sprachen. Für mich bedeutet Souveränismus, ein Mittel zu haben, um sich der Realität von unten, von den Wurzeln, zu nähern. Ein Mittel, das auf der konkreten Lebenswirklichkeit fußt und auf dem Grundsatz der Selbstbestimmung des Einzelnen – eines Menschen, der loszieht, um eine Familie zu gründen, die dann später ihre Umgebung prägen und letztlich die Keimzelle aller weitergehenden Ordnungsrahmen bilden wird, der Regionen und der Staaten bis hin zu den supranationalen Organisationen.

54. Wußten Sie, daß Ihr Nachname der meistgesuchte in den Suchmaschinen Italiens ist? Was fällt Ihnen dazu ein?
Da muß ich lachen, denn ich werde nie vergessen, wie ein Mitarbeiter vor einigen Jahren – damals war ich nur Landesvorsitzender der Lega in der Lombardei – mich jedes Mal euphorisch darüber informierte, wenn eine meiner Pressemeldungen größere Aufmerksamkeit erreicht hatte als die meiner damaligen Konkurrenten gleichen Namens: der berühmte Richter Guido Salvini und das bekannte Schmuckunternehmen »Salvini«. Auch das zeigt, welche Strecke wir schon zurückgelegt haben ...

55. Wenn Sie es entscheiden könnten, würden Sie zuerst die Situation der Erdbebenopfer wieder in Ordnung bringen oder der Lösung des Migrationsproblems den Vorrang geben?
Nun, bei den Erdbebenopfern ist Schluß mit Scherzen. Da müssen wir Antworten liefern, und zwar ganz drin-

gend. Das heißt natürlich nicht, daß die Regierung alle anderen Themen aus den Augen verlieren darf. Aber wenn es eins gibt, bei dem sich mir der Magen zusammenzieht, dann sind es die Gesichter, die Händedrücke und die vielen Schicksale, mit denen ich konfrontiert bin, wenn ich in den betroffenen Erdbebengebieten zu Besuch bin. Ich weiß, daß ein Wiederaufbau Zeit braucht, allein schon wegen der Bürokratie, die stets verhindert, daß genug unternommen wird, aber auch, weil das Gelände in einigen der betroffenen Orte einfach nicht für große Materialbewegungen und Baustellen beschaffen ist. Aber klar, es braucht konkrete Maßnahmen. Und zwar zügig.

56. Zur Infrastruktur – würden Sie die Brücke über die Meerenge bei Messina bauen?
Zuerst die Morandi-Brücke in Genua, danach können wir über andere Brücken sprechen. Verzeihen Sie, so bin ich einfach, bei mir kommt eine Sache nach der anderen.

57. Welches der anderen Projekte würden Sie gerne realisiert sehen?
Ich sage es nochmal, die Brücke in Genua. Sie erinnern sich an den Applaus, mit dem man uns bei der Beisetzung der Opfer empfangen hat? Das war keine Show. Das war echt. Und der Applaus bedeutete keineswegs nur eine Wertschätzung der Notfallmaßnahmen. Er drückte aus, daß die Einwohner Genuas uns vertrauen. Und wir müssen nun zeigen, daß wir dieses Vertrauen auch verdienen.

58. Sprechen wir über das Thema Arbeit. In Italien herrscht ein hohes Maß an Arbeitslosigkeit, viele Menschen befinden sich in prekären Beschäftigungsverhältnissen. Wie kann man dieses Problem lösen?

Von diesen prekären Beschäftigungsverhältnissen sprach ich schon, da war ich noch ein einfacher Europaabgeordneter der Lega. Man kann sich kein Leben aufbauen ohne ein Mindestmaß an Zukunftssicherheit. Ich will hier zwar nicht zurück in eine Vergangenheit, die es so nicht mehr geben kann. Aber ein zeitnahes Korrektiv ist erforderlich. Mit dem »Dekret der Würde«* wurde in dieser Hinsicht bereits einiges bewegt, das Gleiche gilt für das Bürgergeld. Ich will nicht zu tief in technische Details einsteigen, aber es bedarf einfach der Schaffung eines sozialen Netzes, das denen wieder auf die Beine hilft, die aus dem einen oder anderen Grund aus dem Raster gefallen und, von den Dynamiken des Marktes abgeschnitten, ins Straucheln geraten sind. Andernfalls dürfen wir uns nicht wundern, daß unsere demographische Entwicklung weiter einbricht, daß die Menschen immer mehr an Bindung verlieren und es ihnen an Halt fehlt, daß das allgemeine Unsicherheitsgefühl steigt, ebenso Wut und Frustration – man denke nur an die enorme Anzahl der Italiener, die Drogen oder Psychopharmaka einnehmen. All das kann ja nur schlimmer werden, wenn wir keinen Kurswechsel hinkriegen. Ich wünsche mir ein Italien, in dem die Unternehmer die Freiheit haben, ihrer Arbeit nachzugehen und sich um ihr Geschäft kümmern können, ohne

---

* Das »Decreto dignità« wurde im Juli 2018 erlassen und enthält neue Regelungen im Arbeitsrecht, etwa im Bereich befristeter Arbeitsverträge – auch im öffentlichen Dienst –, da die vorherigen Regelungen insbesondere jungen Menschen kaum sichere Zukunftsperspektiven gewährleisten konnten.

Angst vor dem Staat haben zu müssen. Das bedeutet aber keineswegs, daß es nicht auch eine Stärkung des Sozialstaates geben kann. Im Gegenteil ...

59. *Glauben Sie, daß das Bürgergeld eine Lösung ist?*
Die *eine* Lösung sicherlich nicht. Diese kann nur Arbeit heißen. Denn Arbeit, nicht das Grundeinkommen gibt dem Leben Würde. Aber angesichts von vier Millionen in Armut lebender Italiener war es notwendig, daß wir unverzüglich konkrete Maßnahmen ergriffen. Nun werden wir die Umsetzung beaufsichtigen müssen, da dieses Instrument nur dann funktionieren kann, wenn es keinen Mißbrauch gibt, oder besser, da ein solcher vermutlich unvermeidbar ist, er sofort und streng bestraft wird, zum Wohle aller. Das gebietet die Glaubwürdigkeit der Regierung und des ganzen Landes.

60. *Was denken Sie über den Journalismus in Italien?*
Als Journalist habe ich eine Meinung. Das sag ich aber lieber leise, ansonsten sehe ich schon, wie einige Kollegen den Demokratie-Alarm auslösen: Salvini will die Zensur, ein *Edikt Salvini*, naja. So wie ich mir diesen Beruf vorstelle, ein wunderschöner Beruf, wie ich finde, sollte man sich stets bemühen, von Fakten auszugehen, bei den Zahlen zu bleiben, beim tatsächlichen Leben der Menschen, und nicht bei den Abstraktionen von Soziologieprofessoren oder, noch schlimmer, den Wünschen der Herausgeber. Danach ist es nur legitim, den Politikern die recherchierten Fakten vor den Latz zu knallen und Rechenschaft darüber zu verlangen – aber es müssen reale Dinge sein, nicht irgendwelche

Spekulationen à la »man munkelt, daß Salvini gestern womöglich seinem Vetter gesagt haben soll, daß unter Umständen die Regierung stürzen wird, wenn Toninelli* nicht mal wieder zum Friseur geht« ...

Ich sage das, weil viele Titelseiten in unserer Medienlandschaft nämlich genau auf diesem Niveau angekommen sind. Und das ist bedauerlich, nicht zuletzt für die Journalisten selbst, da ihnen Glaubwürdigkeit und Leser verlorengehen, aber hauptsächlich ist es schade um die Qualität der politischen Debatten, die immer mehr auf künstlich aufgebauschten Hysterien aufbauen, denn auf Dingen, die uns wirklich weiterbringen.

61. Welche Tageszeitungen lesen Sie am liebsten?
Sie werden es nicht glauben, aber mir gefallen alle Tageszeitungen. Einige sind wirklich gut gemacht, andere schätze ich, weil sie eine tolle Bereicherung für das Fantasy-Genre sind, um auf die vorige Frage zurückzukommen. Als ich es mir noch erlauben konnte, sie in Ruhe zu lesen, fing ich gern hinten an, bei der Seite mit den Leserbriefen, die, wenn ich eine Zeitung leiten würde, häufig die Leitartikel wären.

62. Trotzdem haben Sie mehr Wert auf Ihre Auftritte im Fernsehen gelegt als auf die Berichterstattung der Printmedien. Glauben Sie nicht, man sollte den Verlagshäusern der gedruckten Presse wieder die Hand reichen, um sie mehr zu unterstützen?

* Danilo Toninelli (1974), Politiker der Fünf-Sterne-Bewegung, seit 2018 Minister für Infrastruktur und Verkehr; die Aussage bezieht sich auf seinen Lockenkopf.

Das Thema der Presseförderung verdient sicher eine gewisse Aufmerksamkeit. Ich glaube schon, daß das reine Gesetz des Marktes eines Korrektivs bedarf, ansonsten droht das, was es zum Teil schon gibt, das heißt ein Wettlauf um die sensationellsten Schlagzeilen, und das auf Kosten seriöser Recherche und vertiefter Berichterstattung. Daher also ein klares *Ja* zu einer Förderung durch die öffentliche Hand, allerdings muß dann Schluß sein mit den Mißbräuchen der Vergangenheit. Diese Unterstützung muß man sich verdienen, mit Arbeit, mit Recherchen und mit Inhalten, die uns informieren, was wirklich los ist im Staate, und das auch bei Themen, die vielleicht nicht das breite Publikum begeistern, die aber dennoch sehr wichtig sind, um diesen oder jenen Bereich der Gesellschaft, der Industrie, der Finanzbranche, des Schulwesens oder der Wirtschaft regeln zu können.

63. Thema öffentlich-rechtlicher Rundfunk: um die Einsetzung von Marcello Foa* als neuen Präsidenten der RAI habt ihr heftig gerungen, oft scheint euch das Staatsfernsehen jedoch nicht so wohlgesonnen. Auch Fabio Fazio ist nach wie vor auf seinem Posten …

Was mir an den Polemiken in den Tagen rund um die Ernennung von Marcello Foa mißfallen hat, waren die kleinlichen Kritiken bezüglich seiner Professionalität. Das bei einem Mann, der leitender Redakteur für

---

* Marcello Foa (*1963), italienischer, international tätiger Journalist, der im Sommer 2018 von der neuen Regierung als neuer Präsident der RAI vorgeschlagen und trotz linker Bedenken gegen ihn – aufgrund seiner politischen Unkorrektheit – schließlich gewählt wurde.

Außenpolitik unter Indro Montanelli* war. Wenn der kein ernsthafter und qualifizierter Journalist ist, auch außerhalb Italiens hoch anerkannt, dann gebe ich echt auf. Aber wie gesagt, das war ohnehin bloß viel Lärm um nichts, reines Sommerloch-Theater. Heute, so scheint es mir, erkennen alle sein großes Maß an Professionalität an, die Ausgewogenheit und Stimmigkeit eines Fachmannes, der nicht berufen wurde, um aus der RAI eine Art »Tele-Salvini« zu machen, sondern ganz einfach um einer öffentlich-rechtlichen Sendeanstalt Gehalt, Pluralität und eine gewisse Tiefe wiederzugeben, die während der Ära Renzi einen langen traurigen Winter erlebte.

Ob Fabio Fazio** auf seinem Platz bleibt? Das entscheidet sicher nicht Salvini. All das – Sendepläne, Führungskräfte, Moderatoren, Programmautonomie, Gehälter – entscheidet allein die RAI, in voller Eigenständigkeit. Zu dieser letzten Sache lassen Sie mich hinzufügen, daß ich verstehe, daß hinter jeder künstlerischen Produktion eine komplexe Arbeit steht, die es verdient, geschützt und vernünftig entlohnt zu werden, aber es muß eben gerecht und angemessen sein. In letzter Zeit hingegen schienen mir gewisse Gagen definitiv jenseits des Normalen zu liegen. Das sage ich sowohl aus Respekt gegenüber den Bürgern, die ihre Rundfunkabgabegebühren zahlen, als auch wegen der vielen vielversprechenden Künstler, die mehr Gelegenheiten verdient hätten, ihr Können unter Beweis zu stellen.

* Indro Montanelli (1909–2001), Gründer der bedeutenden Tageszeitung *Il Giornale*. Gilt als eine der einflußreichsten Persönlichkeiten Italiens nach dem Zweiten Weltkrieg.

** Fabio Fazio (*1964), italienischer Moderator im öffentlich-rechtlichen Fernsehen, dessen hohes Honorar von Salvini kritisiert wurde.

64. Lesen Sie viele Bücher?
Früher waren es mehr. Jetzt begnüge ich mich mit zwei oder drei Büchern im Jahr. Und wenn es nicht das Fliegen gäbe, hätte ich zum Lesen wohl noch weniger Zeit. Auch habe ich als Innenminister ständig Dossiers zu lesen und muß mich auf diese konzentrieren. Wenn das eine Literaturgattung wäre, könnte ich wohl sagen, daß ich einer ihrer gründlichsten Kenner bin. Wissen Sie, ich habe in meinem Leben noch nie so viel studiert wie heute. Am Ende der Schulzeit kam ich mit der minimalsten Anstrengung durch, mit der größten Syntheseleistung und mittelmäßigen Ergebnissen. Ich war ein Meister im vertikalen Lesen, im Überfliegen, wie es sich nannte ...

Jetzt nicht mehr, jetzt lese ich alles. Vom Anfang bis zum Ende, denn wenn es um die öffentliche Sicherheit geht, kann man nichts dem Zufall überlassen.

65. Welches ist ihr Lieblingsbuch?
Ein Mann von Oriana Fallaci.*

66. Mein erstes Buch, haben Sie es gelesen? Erinnern Sie sich, ich habe es Ihnen geschenkt.
Um ehrlich zu sein, bisher nicht, aber da Sie auch aus der Toskana stammen, bin ich mir sicher, daß es mir gefallen wird.

---

* 1979 erschienener autobiographischer Roman der Journalistin und Schriftstellerin Oriana Fallaci, der ihre Beziehung zu dem griechischen Widerstandskämpfer, Politiker und Dichter Alekos Panagoulis verarbeitet.

67. Und Ihr Lieblingsfilm?
Bleiben wir in der Toskana: *Amici miei,** die ganze Reihe.
Dann mögen Sie die Toskana aber wirklich ... (Lacht).

68. Bedauern Sie, daß Sie keinen Hochschulabschluß haben?
Nur für meine Mutter tut es mir leid, ihr lag viel daran. Aber wie es scheint, war mein Weg nicht der des
Historikers. Bedenken Sie aber, daß, wenn die Theorie
zweier paralleler Universen stimmt, es in einem dieser
Universen womöglich einen weiteren Matteo Salvini
gibt, der Geschichtsprofessor geworden ist – und vielleicht sogar einen Matteo Renzi, der Dokumentationen
im Stile eines Alberto Angelas dreht. Verzeihung, aber
der war jetzt wirklich gut ...**

*69. Was wünschen Sie sich für Ihre Kinder? Was für eine
Zukunft?*
Daß sie ihren Weg selber wählen. Ich halte nichts von
Befehlen oder vorgefertigten Ideen, die Eltern ihren
Kindern aufdrängen, sowas ist zumeist kontraproduktiv.
Ich will nur, daß meine Kinder wissen, daß ich immer für
sie da sein werde. Und vor allem, daß ihr Leben mich im-
mer mehr interessieren wird als mein eigenes.
Ganz allgemein wünsche ich mir, daß mein Engagement
in der Politik dafür taugt, meinen Kindern und ihren
Altersgenossen ein gerechteres, sichereres und schöneres

---

* Italienische Filmkomödie des Regisseurs Mario Monicelli von 1975, die
seinerzeit in Italien ein großer Erfolg war. 1982 erschien ein zweiter, 1985 ein
dritter Teil.

** Der Scherz bezieht sich darauf, daß Matteo Renzi 2018 in die Rolle Alberto
Angelas geschlüpft ist, um in einer Fernsehserie die Geschichte Florenz zu
erzählen.

Italien übergeben zu können. Einen Ort, an dem man seine Zukunft aufbauen kann, und nicht mehr einen Käfig, aus dem man raus möchte.

70. Wie sehen Sie sich als Vater?
Ich gebe mein Bestes, aber natürlich mache auch ich Fehler, wie wir es schon in den ersten Fragen angesprochen hatten.

71. Und als Sohn?
Ich habe mein Bestes getan, werde aber auch für die ein oder andere Enttäuschung gesorgt haben. Aber wissen Sie, in meiner Familie hat es glücklicherweise nie an Liebe, Aufmerksamkeit und Nähe gefehlt. Und Gott sei Dank darf ich sagen, daß das Gleiche auch für meine Kinder gilt.

72. Wer ist Ihr Lieblingssänger?
(Singt) »Im Schatten letzter Sonne sank ein Fischer in Schlummer, und hatte eine lange Falte im Gesicht, gleich einem Lächeln … «*

73. Und Ihr Lieblingsautor?
Da sind wir wieder bei *Amici miei*, ich betrachte es als eine Sternstunde des Kinos, ein filmisches Wunder, sowohl aufgrund der genialen Regie als auch aufgrund der herausragenden Schauspieler, die jene Rollen interpretieren, die ich so liebe.

---

* Salvini antwortet mit einer Strophe aus dem Lied *Il pescatore* des Liedermachers Fabrizio De André (1940–1999).

74. Was denken Sie über den Krieg?
In ihrer gesamten Geschichte hat sich die Lega stets gegen alle Kriege ausgesprochen, ohne Wenn und Aber. Leider zeigt die Gegenwart, daß wir das immer zurecht getan haben: vom Balkan bis nach Libyen, über Syrien, den Irak und Afghanistan. Krieg folgt auf Krieg, Haß zieht neuen Haß nach sich. Und am Ende ist es immer die Zivilbevölkerung, die den Preis für all das zahlen muß. Der Leidtragende ist das Volk, all jene armen Tröpfe, die entweder an vorderster Front kämpfen oder unter den immensen Schäden leiden müssen, die man ihren Häusern und ihrem ganzen Leben zufügt.

Ich habe die Spuren des Krieges in einigen Städten selbst gesehen. Es sind Narben, die kein Wiederaufbauprogramm zu heilen vermag. Insbesondere der Teufelskreis der Blutrache besorgt mich dabei, diese zerstörerische Spirale, die sich immer wieder aufs Neue festzieht. Denken Sie allein an all den Haß, den es heute noch in Italien gibt, wegen Dingen, die siebzig Jahre her sind …

75. Wie denken Sie über die Wehrpflicht?
Darf ich Oriana Fallaci zitieren? Ich hab's mir angestrichen. Es stammt nicht aus *Ein Mann*, sondern aus dem nachfolgenden Buch *Inschallah*, in dem es um italienische Soldaten während ihrer Friedensmission zur Beendigung des Bürgerkrieges im Libanon geht; wir sind in den 80er Jahren.

Der Wehrdienst darf kein Mißbrauch sein, der zu erleiden ist, sondern er muß ein Privileg sein, eine Schule, die die Nabelschnur des Jungen durchtrennt, der noch an den klei-

nen Kosmos der Familie gebunden ist, an die Mutter, die den
fertigen Milchkaffee hereinbringt und deinen Knopf schon
wieder angenäht hat, an den Vater, der dich verhätschelt mit
seinem »Sei vorsichtig, wenn du über die Straße gehst.«

Tatsächlich ist es bedauerlich, daß ihr Frauen hiervon
ausgeschlossen seid und eure Nabelschnur alleine abtrennen
müßt. Und so ich mich irre, sagt ihr mir bitte, warum man
den Wehrdienst nie vergißt, warum man noch im Alter mit
unverhüllter Wehmut glaubt, daß er eine gewinnbringende
Erfahrung war.

So denke auch ich, selbstverständlich ohne jenen anderen etwas absprechen zu wollen, die sich für den
Zivildienst entscheiden, der auf andere Weise die gleiche Funktion erfüllt hat und manchmal immer noch erfüllt, die fundamental für jede gesunde Gesellschaft ist:
der Ritus des Erwachsenwerdens, der den Jungen zum
Mannsein führt.

76. Ist es Ihrer Meinung nach richtig, unsere Soldaten aus
Afghanistan abzuziehen?
Wie Sie sicher verstanden haben, liegt mir daran, im
Konkreten nachzudenken, also bei den Tatsachen
zu beginnen, nicht bei den Grundsatzfragen. Ich frage mich also nicht, ob es richtig war, daß wir nach
Afghanistan gegangen sind, sondern ich fange bei der
objektiven Tatsache an, daß wir nunmehr dort sind,
physisch mit kämpfenden Truppen, seit nunmehr acht-
zehn Jahren. Vom einen auf den anderen Tag abzuziehen wäre unverantwortlich ... Vielmehr sollte ein aus-
gewogener Übergangsprozeß verfolgt werden, der die
politische Macht wieder in die Hände der Afghanen

legt. Auch hier möchte ich vorsichtig sein. Aber die Situation entwickelt sich zum Besseren, obwohl entscheidende Widersprüche bleiben, hauptsächlich zu Themen der Menschenrechte, bei denen wir nicht zurückweichen dürfen, um dieses Land nicht erneut in finsterer Barbarei versinken zu lassen

77. Glauben Sie, daß Sie ein paar Leichen im Keller haben?
Wer weiß!? Wenn ja, dann sind sie längst unter einem Haufen alter Carabinieri-Uniformen begraben! Scherz beiseite. Ich glaube, wenn ich auch nur einen Knochen im Keller hätte, wäre er schon längst ausgebuddelt worden. Hier müssen wir uns nur die freundliche Aufmerksamkeit vor Augen führen, die viele Journalisten seit einer Weile für mich reservieren. Wissen Sie, ich sage das stets den jungen Leuten, die Politik machen wollen: engagiert euch, hängt euch rein, und bereut nichts. Wenn ihr aber nur den geringsten Grund zu der Sorge habt, erpreßbar zu sein, probiert es nicht einmal aus! Macht was anderes.

78. Und irgendwelche geheimen Wünsche?
Sie meinen persönliche Wünsche, nehme ich an, ansonsten reden wir schon wieder über Politik.
Ja, persönliche … versteckte Wünsche?
Na ja … Klar, die habe ich … aber ich kann sie Ihnen nicht sagen.
Und warum nicht?
Weil sie sonst nicht mehr geheim wären. Wie auch immer, es sind kleine Dinge, die sie sich gar nicht vorstellen können. Es gab da vor einigen Jahren dieses Lied,

das meinem Sohn sehr gefällt. *Piccole cose** von J-Ax &
Fedez**, zwei, die wahrlich keine Gelegenheit auslas-
sen, um mich zu beschimpfen, aber nun gut. Solange
Federico darüber lacht, habe auch ich damit kein
Problem, im Gegenteil, wir haben Spaß dabei. Also, in
diesem Lied taucht an einem bestimmten Punkt die
Stimme von Alessandra Amoroso auf, wunderschön,
mit den folgenden Worten:

*Wie viele Jahre brauchen wir / um Freude zu spüren /
für die kleinen Dinge, die dir noch fehlen / Denn manchmal
kannst du es schaffen / Jede Grenze zu sprengen / Zu bereichern, zu befrei'n ein ganzes Dasein / Dich glücklich zu fühlen / schon bei dem Gedanken / an die kleinen Dinge, die dir
noch fehlen.*

Das ist es, vielleicht konnte ich Ihnen so vermitteln,
was ich meinte.

79. Wie stellen Sie sich Italien in zehn Jahren vor?
Welches Italien in zehn Jahren? Schauen Sie, ich habe
keine Träume von Ruhm, Macht oder Vormacht für
unser Land, die überlasse ich gerne anderen. Mir würde es genügen, daran beteiligt gewesen zu sein, unsere
Gesellschaft wieder normaler gestaltet zu haben, daß der
Staat denen hilft, die Wohlstand schaffen, und sie nicht
unterdrückt, in dem sich Würde und Zukunft auf Arbeit
gründen, verstanden als die Berufung des Einzelnen, sich
selbst verwirklichen zu können durch seine Anstrengung,
seine Leistung, sein Talent, ohne daß er ständig irgend-

* Italienisch für »kleine Dinge«.
** Bekanntes italienisches Rap-Duo.

wem gegenüber »danke« sagen muß. Ein Italien der Rechte und Pflichten, was in meinen Augen ein und dasselbe ist. Ein Italien der Regionen, die sich in voller Autonomie selbst regieren, ohne dafür die nationale Harmonie zu opfern, ganz im Gegenteil. Ein Italien mit starken, bewachten Grenzen, aber gleichzeitig ein Land, das darauf achtet, was jenseits seiner Haustüre geschieht, das bereit ist einzuschreiten, zu helfen und die Ursachen zu beseitigen, die die Tragödie der Migrationsflüsse verursachen. Ein Italien, das in Infrastruktur und Naturschutz investiert – zahlreiche Beispiele hauptsächlich aus Nordeuropa zeigen uns, daß das nicht unmöglich ist. Kurz und gut, wovon ich träume, ist ein Land, das sich von Aosta bis nach Agrigent in seiner eigenen Identität wiederfindet und das bereit ist, all jene Herausforderungen dieser eigenartigen Epoche der Veränderungen anzupacken, bei denen es nun an uns ist, sie in eine gute Zukunft zu überführen.

80. Was lieben Sie am meisten?
Was ich auf der Welt am meisten liebe, ohne das es sich nicht lohnte, dieses ganze Spektakel weiter mitzumachen: Morgenrot und Sonnenuntergänge, das Wettlaufen und Anlauf nehmen, schweres Atmen, Lächeln, Siege, Niederlagen, Flugzeuge, auf die man aufspringt, während sie schon unterwegs sind, menschengefüllte Plätze, fieberhaftes Warten, enorme Verantwortungen, schwierige Entscheidungen, Handschläge, Selfies, Polemiken, Nutella*, Titelseiten, Dossiers, Anfragen ...

---

* Salvini nimmt hier Bezug auf ein Foto mit Nutellabrötchen, das er von sich auf Facebook postete und das für Polemiken in der italienischen Tagespresse sorgte.

Ja, und was gibt alldem Sinn?

Die Leidenschaft. Ich will das erklären, auch wenn es nicht einfach ist, denn hier sprechen wir über etwas, an das man eigentlich nicht rührt, das sich nicht mit dem Thermometer messen läßt, aber ich versuche es dennoch. Für mich bedeutet Leidenschaft einen präzisen Gedanken, der mich glücklicherweise seit meiner Jugend in allem, was ich tue, begleitet und der mich darin bestätigt, meinen Weg fortzusetzen. Er taucht von Zeit zu Zeit auf, in aller Deutlichkeit. Es ist ein ganz einfacher Gedanke. Einfach wie die Wegweiser, die im Wald aufgestellt sind, damit man den Weg findet, wenn Sie verstehen. *Ich möchte nirgendwo anders sein als hier und jetzt* – das ist es. Aber es stellt sich irgendwie unbewußt ein, der Gedanke formt sich praktisch von allein in meinem Innern. Und wissen Sie, wann er sich zeigt? Nicht nur dann, wenn ich vielleicht auf einem schönen Platz, gefüllt mit vielen Menschen, eine Rede halte, denn da ist es einfach, glücklich zu sein. Wenn auch nicht nur. Viel häufiger überrascht er mich, wenn ich an einer schwierigen Besprechung zu komplexen Themen teilnehme, oder dann, wenn ich Stunde um Stunde um Stunde die Probleme derer anhöre, die in mein Büro kommen. Und selbstverständlich werde wie jeder andere auch ich müde, meine Aufmerksamkeit nimmt womöglich ab, das Risiko mich abzulenken wird größer, und da, gerade in diesen Momenten, die in einem Politikerleben nicht gerade die schillerndsten sind, bahnt sich jene Stimme ihren Weg und sagt mir: *Ich will nirgendwo anders sein als hier und jetzt.* Und das ist wirklich wahr.

81. Und was hassen Sie am meisten?

Was ich hasse? Nun gut, hassen ist ein ziemlich hartes Wort. Und ein Gefühl, daß mich manchmal packt bei den grauenhaftesten Fällen, die leider Teil des Lebens in unserem Lande sind. Den Vergewaltigungen, den abstrusesten Morden, wie jenem an dem Jungen in Turin, der nur wegen eines Lächelns getötet wurde, dem Handel mit Sexsklaven durch die nigerianische Mafia, der Ausbeutung von Roma-Kindern, die nicht in die Schule gehen dürfen. Es ist der Haß, der in mir wächst, wenn jemand Gewalt ausübt gegenüber einem Schwächeren, der sich nicht verteidigen kann. Aber, schauen Sie, seitdem ich Innenminister bin, habe ich gelernt, daß ich mir dieses Gefühl, so richtig und gerechtfertigt, ja vielleicht sogar geboten es in den eben erwähnten Fällen sein mag, nicht erlauben darf. Ich darf das ebenso wenig wie der Streifenpolizist, der an einem Tatort einschreitet. Er muß mit Professionalität und klarem Verstand handeln, ohne sich von Gefühlsregungen blenden zu lassen. Dasselbe gilt umso mehr für mich, der ich die wunderschöne Verantwortung trage, alle Männer und Frauen in Uniform zu repräsentieren, die uns jeden Tag ermöglichen, unser Leben auf unsere Weise leben zu können. Ihnen verdanke ich all meine Kraft, all meine Fähigkeit zu analysieren und zu entscheiden, und wenn es notwendig ist, müssen dabei die Emotionen beiseite bleiben.

82. Welche Meinung haben Sie über die, die Drogen nehmen?

Ich glaube, daß Drogen nur das Symptom und nicht der Grund für eine gewaltige Leere sind. Wir alle können sie irgendwie spüren, doch gibt es einige, die sie mit ihrer Leidenschaft füllen oder wenigstens abmildern. Andere hingegen, die sensibleren und folglich oft auch die zerbrechlicheren, stürzen in diese Leere ab. Wenn ich davon spreche, die Strafen zu verschärfen, wenn wir die Polizisten vor die Schulen schicken, machen wir das nicht zur Freude oder um ein bißchen die Muskeln spielen zu lassen. Nichts weniger als das. Wir machen es, um die Jugendlichen zu finden, die von dieser Leere bedroht sind, um sie zu retten, bevor es zu spät ist.

83. Mit Ihnen an der Regierung, ist da das angenehme Leben für Kriminelle wirklich vorbei?
Schön wär's! Ich sage es seit dem ersten Tag: Erwartet von mir keine Wunder, die kann nämlich auch ich nicht vollbringen. Und doch bekräftige ich jenen Satz: Das angenehme Leben ist tatsächlich vorbei für die, die bis vor kurzem noch mit einem allgemeinen Klima der Nachsicht und Trägheit gegenüber ihrem inakzeptablen Treiben rechnen konnten. Das gilt für alle, Italiener wie Ausländer. Und ebenso nützt es allen – rechtschaffenen Italienern wie Ausländern.

84. Betrachten Sie sich als Verteidiger von Recht und Ordnung?
Ach was! Verteidiger von Recht und Ordnung? Ich versuche nur, für ein bißchen mehr Gerechtigkeit zu sorgen, dafür, wie ich stets betone, daß sich wieder an die Regeln gehalten wird. Um Recht zu sprechen, dafür gibt es dann die Richter …

85. Würde es Ihnen gefallen, eines Tages Premierminister zu werden?

Erinnern Sie sich an das, was ich zur Leidenschaft sagte? Ich will nirgendwo anders sein als hier. Derzeit.

86. Sagen Sie uns etwas, was Sie noch niemandem erzählt haben, ein kleines Geheimnis, das Sie offenbaren möchten.

Ein Geheimnis? Ich weiß nicht, ob es ein Geheimnis ist, aber als erstes fällt mir das Folgende ein. Wissen Sie, wie viele schöne, offene und interessante Plaudereien mir mit Leuten widerfahren, die vielleicht noch in der Woche zuvor auf einer Demonstration waren, wo Beleidigungen gegen mich gegrölt wurden? Diese Leute begegnen mir durch Zufall, in der Schlange am Flughafen oder in der Bar oder auf der Straße und halten mich an: »Salvini!« Ich schaue sie an und oft stelle ich schon anhand der Kleidung fest, daß sie wohl nicht zu meinem sogenannten Wählerklientel gehören, aber dennoch bleib ich stehen. Selbstverständlich. Wenn ich kann, gerne. Schauen Sie, das passiert viel häufiger als jene, die Haß gegen Salvini schüren, sich vorstellen oder glauben möchten. Und dann unterhalten wir uns, manchmal eine Minute, manchmal weniger, manchmal eine halbe Stunde.

Und dann merkt man, daß man gar nicht so weit voneinander entfernt ist, wie man vorher gedacht hat. Denn so, im direkten Gespräch, merkt man, daß man ja ganz anders ist, besser, als andere uns darstellen und wir uns häufig auch einfach durch die üblichen Vorurteile mitreißen lassen. Vor allem, jenseits der verschiedenen Meinungen, die verschieden bleiben, ist es immer schön, zu entdecken, daß man die gleiche Lust hat, sich mit den wirklichen Problemen auseinanderzusetzen, zuzuhören und frei heraus zu sprechen.

87. Glauben Sie, daß Italien eine Großmacht ist oder das Potential besitzt, eine zu werden?
Italien ist ein starkes Land. Großmacht, Supermacht, das nicht. Dieser Wahn zur Größe ist glücklicherweise kein Teil unserer Kultur. Aber wir dürfen auch nicht den gegenteiligen Fehler machen, uns als fünftes Rad am Wagen zu betrachten, denn das sind wir auch nicht. Das ist es, was ich will, daß Italien aufhört, Angst vor seiner eigenen Stärke zu haben. Ein bißchen erreichen wir das gerade schon, meiner Meinung nach.

88. Ist die italienische Industrie im Vergleich zum Ausland wirklich so wettbewerbsfähig?
Ja, definitiv. Schauen wir auf den Export. Da liegt unsere Stärke und das nicht nur im Bereich der weithin bekannten führenden Unternehmen. Nehmen Sie die vielen kleinen italienischen Betriebe, die Teil der Wirtschaftsgiganten andere Länder sind, ich denke an Bauteilproduktion, Robotertechnik, Innovationen in Technik und Informatik. Glauben Sie mir, wir sind viel stärker und wettbewerbsfähiger, als wir selbst glauben.

89. Im Juli beginnt das Schiedsgerichtsverfahren im Fall der Enrica Lexie.* Werden Sie die Marinesoldaten Latorre und

---

* Enrica Lexie ist ein Tanker unter italienischer Flagge. Das Schiff geriet 2012 in die Schlagzeilen aufgrund eines Zwischenfalls an der Südwestküste Indiens, bei der zwei indische Fischer, die für Piraten gehalten wurden, erschossen wurden. Zwei italienische Marinesoldaten kamen in Indien vor Gericht. Der Fall zieht sich bis heute hin und führte zu Spannungen zwischen beiden Ländern.

Girone noch vor diesem Datum treffen?
Ob ich sie treffe oder nicht, das zu entscheiden, wäre jetzt noch zu früh. Es handelt sich um eine delikate Geschichte, in der jede Geste zunächst im Hinblick auf die Interessen der beiden Soldaten abgewogen werden muß, was uns sehr wichtig ist. Nicht zuletzt auch im Sinn des nationalen Interesses. Wir werden sicherlich alle sehr vorsichtig in dieser Frage sein.

90. Man hat Sie nach der Verhaftung von Cesare Battisti auf dem Flughafen Ciampino dafür kritisiert, angeblich eine »Show« veranstaltet zu haben.* Was antworten Sie denen, die diesbezüglich mit dem Finger auf Sie zeigen?
Die Festnahme von Cesare Battisti ist ein historisches Ereignis gewesen. Nun, wie immer nach einem handfesten Kurswechsel scheint es unmöglich zu sein, sich in jene Jahre zurückzuversetzen, in denen ein solcher Krimineller die Rückendeckung einflußreicher Intellektueller genoß, öffentliche Apologien, ungeahnte private Freundschaften, dank derer ein verurteilter Mörder über dreißig Jahre als Luxustourist hat leben können, ohne daß irgendeine Regierung etwas Praktisches unternehmen konnte, weil alle Bemühungen von der Justiz blockiert wurden. Ich sage es noch einmal, und es scheint undenkbar, aber all das geschah erst, nachdem auch das brasilianische Volk entschieden hatte, ein klares Votum für politischen Wandel zu setzen, für einen

---

* Salvini zeigte sich am Flughafen Ciampino, als der wegen vierfachen Mordes nach Italien ausgelieferte ehemalige linksextreme Terrorist Cesare Battisti (*1954) dort eintraf. In Brasilien hatte er vorher jahrelang unbehelligt als politischer Flüchtling gelebt, bis dort 2018 der »Rechtspopulist« Jair Bolsonaro ins Regierungsamt gewählt wurde, der Battisti schließlich auslieferte.

Bruch, der eine unfähige und korrupte politische Klasse entmachtete, die schlicht am Ende war. Battisti öffentlichkeitswirksam der italienischen Justiz auszuliefern war ein Akt pflichtgemäßen Handelns, nicht allein gegenüber den Angehörigen der Opfer, sondern auch der gesamten italienischen Öffentlichkeit gegenüber, die dadurch endlich ein furchtbares Kapitel unserer jüngsten Geschichte schließen konnte. Allerdings will ich weder, daß Cesare Battisti als Sündenbock herhält, noch, daß ein Einzelner für die Blutspur, die der rote Terrorismus in diesem Land hinterlassen hat, bezahlt. Wir arbeiten daran, daß alle Verurteilten nach Italien zurückgebracht werden können, und verfolgen diesen Weg mit Entschlossenheit weiter.

91. Ihre Stärke liegt im Umgang mit Menschen. Sie schütteln gerne Hände, machen gerne Selfies. Haben Sie keine Angst, daß Sie früher oder später jemand angreift?
Viele Freunde sagen mir: »Matteo, bitte, mach ein Handyphoto weniger, schüttle eine Hand weniger.« Hier und da stimme ich ihnen zu, aber meistens eben doch nicht. Ich bleibe einfach bei jedem stehen, drücke jedem die Hand. Und dann noch die Selfies. Ab und zu bin ich auch noch drei Stunden nach einer Versammlung geblieben, um alle zufriedenzustellen. Aber – und das ist es – ich halte es für meine Pflicht, das so zu machen. Das gilt für jeden, der mit seiner Tätigkeit in der Öffentlichkeit steht, doch für einen Politiker umso mehr: Die Menschen müssen ihn sehen, ihn anfassen, mit ihm sprechen, wie sollte er sie ansonsten vertreten können? Das wäre doch reine Abgehobenheit, oder etwa nicht? Und immer noch

denke ich, daß, wenn jemand extra aus dem Haus geht, nur um mir zuzuhören und dann obendrein noch drei Stunden wartet, nur um zehn Sekunden mit mir sprechen zu können, dann darf ich ihn doch nicht enttäuschen. Das wäre ein kleiner Verrat, oder?

92. Was wäre Italien ohne Salvini?
Ach, wer bin ich denn schon?! Ich schaffe es ja gerade mit Mühe und Not auf das zu antworten, was *ist*, geschweige denn auf das, was *nicht ist*. Scherz beiseite, es ist eine schöne Frage, allemal für mich, aber sie gilt letztlich für jeden. Es ist wie in der *Weihnachtsgeschichte* von Dickens, wenn die Hauptfigur zu sehen bekommt, was bei seinen Freunden, seinen Liebsten los wäre, wenn er nicht wäre, und der sich dadurch der Verantwortung bewußt wird, die jeder den anderen gegenüber hat. Das ist es, dieser Gedanke gefällt mir. Was wiederum Italien betrifft, nun gut, so glaube ich, daß es ein Land der tausend Möglichkeiten ist und sich sehr gut auch ohne mich zu helfen wüßte.

93. Und ein Italien mit Salvini als Ministerpräsidenten?
Das Fantasy-Genre ist in Italien schon so verbreitet, daß es meinen Beitrag nicht auch noch benötigt, meinen Sie nicht?
  Ich denke, daß Sie mir nicht antworten.
  Na ja, Sie müssen mir verzeihen, aber es fällt mir schwer, mich an »Wenns« und »Abers« zu orientieren. Ich bin ein Freund des Konkreten und des Jetzt. Zu diesen Punkten habe ich Ihnen, wie mir scheint, bereits geantwortet …

94. Ist es wahr, daß man bei der Lega von unten an beginnt und hart arbeiten muß, bevor man oben ankommt?

In der Lega gilt das sogenannte »von der Pike auf«. Späterhin – ich enthülle Ihnen ein Geheimnis – ist das der Teil der politischen Erfahrung, der dir für immer im Herzen bleibt. Auch heute, als Minister, überrasche ich mich dabei, diejenigen Mitglieder zu beneiden, die am Sonntagmorgen aufstehen, um auf einem Marktplatz einen Infostand aufzubauen, die die Busfahrten zu Demonstrationen organisieren, die nachts Plakate kleben gehen, und nicht die eigentliche politische Ausbildung, die Lehrjahre in den örtlichen Einrichtungen, Verbänden und Ausschüssen zu vergessen. Das sind Bereiche, in denen nichts im Abstrakten bleibt, rein gar nichts. Das läuft dann so: Es gibt in meiner Stadt eine Straße ohne Laternen? Ich stelle einen Antrag im Gemeinderat, er wird angenommen, die Laternen werden aufgestellt.

Oder noch einfacher: Bin ich der Ansicht, daß die Lega die richtige Sache vertritt, dann nehme ich mir Flugblätter und ziehe mit drei Freunden los, um sie vor dem Eingang meiner Schule oder meiner Universität zu verteilen. Politik bedeutet für mich hauptsächlich dies: Personen, Straße, Ideen, guter Wille und Beständigkeit. Wenn es dann einen legitimen Ehrgeiz gibt, um in ein höheres Amt aufzusteigen, sehe ich darin nichts Schlechtes; wichtig ist, daß man sich nicht von den Illusionen blenden läßt, sich nicht verbeißt, nicht faul wird. Wetteifern ist gut, intrigantes Messerstechen ist es definitiv nicht. Ich weiß nicht, ob ich mich richtig ausgedrückt habe, aber der Sinn ist dieser: In der Lega arbeitet man nicht nur von der Pike auf, sondern man tut es, ohne unbedingt ein renommiertes Amt anzustreben. Es ist, wie wenn man eine Kampfkunst erlernt. Man tut es vor allem für sich selbst und um andere zu verteidigen. Wenn man dann noch das Zeug zum Champion hat und die Olympiade gewinnt, Glückwunsch. Aber das ist nicht der tiefere Sinn, der dich weitermachen läßt.

95. Und doch haben Sie Leute als Minister aufgestellt, die erst kürzlich der Lega beigetreten sind. Warum?
Aus dem logischen Grund dessen, was ich bis hierher gesagt habe. Meine Rolle als Vorsitzender der Lega verlangt von mir, die Person mit der größten Kompetenz hinter den Schreibtisch, für den sie die Verantwortung zu übernehmen hat, zu setzen. Die Minister müssen, selbst wenn sie einmal nicht die Klassenbesten sind, lebendige Garanten für das Funktionieren des Landes sein. Das heißt: man braucht einen Lehrer für das Bildungswesen, einen Juristen von internationalem Ruf für die öffentliche Verwaltung, einen Politiker mit großer Erfahrung in Europa für die EU-Angelegenheiten und besonders zum Thema der Familie einen mit entsprechender Erfahrung für das gleichnamige Ministerium, einen anderen wiederrum, fest verwurzelt im Bereich des Agrarwesens, für die Landwirtschaft, eine besonders fähige Frau für den Bereich der regionalen Autonomie.

96. Sie fotografieren oft Ihr Essen; sind Sie so ein Leckermaul?
Das weniger, ich esse einfach gerne. Ich weiß nicht, wie die leben können, die in Eile essen, ohne genau auszusuchen, ohne nachzudenken. Auch mir passiert das mal, klar, an bestimmten Tagen lasse ich auch manche Mahlzeit aus. Aber wenn ich kann, setze ich mich an den

Tisch und denke für eine halbe Stunde allein daran, mir etwas Gutes schmecken zu lassen.

97. Was wäre die ungemütlichste Frage, die ich Ihnen stellen könnte?
Eine zu den Dingen, die nur mich etwas angehen. Was dann auch den Bereich des Anstands berührte. Sie zum Beispiel sind freundlich, höflich gewesen, voller Taktgefühl. Sie haben auch erst um »Erlaubnis« gebeten, bevor sie eintraten. So ist es gut, und dann gefällt es mir auch darüber zu scherzen. Wenn ich jedoch Aufdringlichkeit, Vermessenheit und Arroganz spüre, dann stört mich das gewaltig.

98. Die folgende Frage überlassen wir Ihnen. Stellen Sie eine den Italienern.
Italiener, was erwartet Ihr von Matteo Salvini? Ich frage mich das jeden Tag, glauben Sie mir. Was erwarten die Menschen von mir, die mich gewählt haben?

99. Und nun antworten Sie auf die Frage, die Sie den Italienern gestellt haben.
Ich glaube, man erwartet, daß ich alles schaffe, ohne Wunder vorzutäuschen, ohne Zauberstab oder Versprechungen, die ich nicht halten kann. Ich kann abends nicht schlafen gehen, ohne sicher zu sein, mein Bestes gegeben zu haben, das Menschenmögliche getan zu haben, um ein bißchen mehr Ordnung zu garantieren, ein bißchen mehr Gerechtigkeit, ein bißchen mehr zum Wohle meines Landes. Bezüglich der Ergebnisse steht es mir jedoch nicht zu, das zu beurteilen.

100. Die letzte Frage betrifft etwas, das alle wissen wollen. Schlafen Sie denn nie? Wie schaffen Sie es, in dem engen Takt zu bleiben, den Ihnen die Arbeit auferlegt?

Doch, doch, natürlich schlafe ich. Obendrein mit zwei Kissen, weil ich eines umarmen muß. Das mach ich immer schon so. Wer weiß, warum? Manch einer wird denken, aus Mangel an Zuneigung. Kann sein, aber ich glaub eher, weil es so viel gemütlicher ist. Was meinen Sie?

An dieser Stelle würde Recalcati* wohl sein nächstes Buch schreiben.

---

* Der Star-Psychoanalytiker, siehe Fußnote 2.

WAS DENKEN DIE LEUTE
ÜBER SALVINI?

Eine Sache ist sicher: Unter seiner Führung kletterte die Lega Nord von etwas mehr als 4 % bei den Parlamentswahlen 2013 auf volle 17 % bei denen Wahlen im März 2018. Die jüngsten Umfragen, die jährlich von der Wirtschaftszeitschrift *Il Sole 24 Ore* zur Beurteilung der verschiedenen Regionalpräsidenten in Auftrag gegeben werden, zeigen, daß die kontinuierlich anwachsende Zustimmung der großen Zufriedenheit mit der Regierungsarbeit der Lega zuzuschreiben ist. In dem vom Meinungsforschungsinstitut *Noto Sondaggi* erstellten Rating sind die ersten drei Plätze Stammplätze der Lega.

Ebenso unbestreitbar ist, daß der politische Kopf, Salvini, das Zugpferd dieser wachsenden Zustimmung ist, wie die letzte Umfrage von *Index Research* zeigt, die zu klären suchte, in welchem Maß die Italiener den Hauptvertretern der Regierung vertrauen. Hier erreicht Matteo Salvini eine persönliche Zustimmung von 49 % (fast jeder zweite Italiener drückt seine Wertschätzung für das Handeln der Regierung aus). Laut einer Statistik des europäischen Parlaments äußerten in demselben Erhebungszeitraum hingegen nur 33 % ihre Zustimmung für die Gesamtpartei.

Wie immer ist all das Auslegungssache. Auf der einen Seite haben wir jene, die die überdurchschnittlichen persönlichen Umfragewerte der allgegenwärtigen TV-Präsenz des Capitanos zuschreiben. Auf der anderen Seite haben wir die vehementen Kritiker – von denen wir einige im nächsten Kapitel vorstellen werden –, die Salvini vorwerfen, seine Zustimmungswerte durch die geschickte Nutzung der neuen Massenmedien zu erreichen und nicht zuletzt dank jenes Phänomens, das man heute gerne als »Populismus« bezeichnet. Ein teuflischer Mix, bestehend aus Anstachelung zum Haß, dem Schüren von Angst und diffusen Unsicherheiten, zusammengerührt mit der gerissenen und unappetitlichen Verkörperung von Wut. Eine breite Zustimmung also, die sich aus dem Unglück Dritter speise. Salvini zögerte keine Sekunde, um seine Solidarität mit Graziano Stacchio aus Vicenza zu bekunden. Jenem Tankwart, der das Feuer einer Gangsterbande erwiderte, die gerade dabei war, den naheliegenden Juwelier auszurauben. Einer der Täter kam dabei ums Leben. Gleiches bei einem anderen Fall, als Salvini ebenfalls umgehend seine Solidarität mit einem Juwelier ausdrückte, der im Zuge eines Überfalls einen der Angreifer erschossen hatte. »Notwehr ist immer rechtens. Wir stehen an der Seite des Juweliers. Es wird eine der Prioritäten meiner Regierung sein, ein neues Notwehrrecht zu schaffen, das die Guten schützt – und nicht die Kriminellen.« Das waren die Worte Salvinis, nur wenige Tage vor den tragischen Ereignissen von Frattamaggiore.*

Umgehend wurde aus der Welle der Anschuldigungen einer Anklage: Wer sich mit den Protagonisten solcher Ereignisse solidarisiere, die in den landesweiten Medien permanent präsentiert werden, der bereite den Nährboden für weitere Vorfälle dieser Art und legitimiere den weiteren Anstieg eines Klimas des Hasses. Eine in Wahrheit äußerst unwissenschaftliche Bewertung, denn

---

* Bei Neapel gelegen. Während eines Raubüberfalls zog ein Juwelier seine Waffe und eröffnete das Feuer auf die Räuber. Es kam zu einem wilden Schußwechsel, an dessen Ende ein Täter im Kugelhagel starb und ein weiterer verwundet wurde.

die Zahlen des Innenministeriums zeichnen ein gänzlich anderes Bild der Realität. Der Anteil der in Italien lebenden nichteuropäischen Ausländer beträgt ungefähr 9 %. Diese Zahl steigt auf 33 % an, wenn man sich die Zahl der in Italien inhaftierten Personen anschaut (laut Angaben des Justizministeriums), während der Anteil nichteuropäischer Ausländer an Trickdiebstählen 55 % und bei Gewaltdelikten 45 % beträgt, wobei viele der Täter zudem keine Aufenthaltsberechtigung besitzen. Aber klar – hier wird der Demagoge zum Schuldigen und zum Magneten für die niedrigsten nationalistischen Instinkte. Wenn er sich stets auf die Seite der Wütenden stellt, auf die Seite derer, die keinen Funken Empathie im Leibe haben, die aufgrund ihrer miserablen Lebensumstände in den tumben Strudel der Fremdenfeinde, der Rassisten, Nazis und Faschisten hineingezogen werden. Ich versuche mich nun an einem wissenschaftlichen Experiment, um die Belastbarkeit dieser hartnäckigen Anklage zu verifizieren, die freilich nur von den Medien erhoben wird. Dazu habe ich die Aussagen von vier Personen eingeholt, die es auf die Titelseiten landesweit erscheinender Zeitungen geschafft haben. Vier Fälle, die unterschiedlich interpretiert werden können: übersteigerte Solidarität für die einen – Verfestigung des Hasses, dessen »kulturellen Nährboden« Salvini und seine faschistischen Freunde bereiten, für die anderen. Wir befinden uns im Viertel Borgo Vittoria in der Peripherie Turins. Hohe Kriminalitätsrate, Einwanderung und Verfall, um die Worte Giovanni Falconieris zu verwenden, der damit die Wirklichkeit jener Gegenden im Turiner Lokalteil des *Corriere della Sera* beschrieb.

Es ist fünf Uhr nachmittags und die herabgelasse-
nen Rollläden des historischen Milchgeschäftes, das
zwischen der Via Giachino und der Via Gramegna
liegt, wirken trostlos. Frau Maria hatte es versprochen:
»Von hier gehe ich weg, Kunden habe ich schon seit einiger Zeit keine mehr und auf der Straße sind nur die
Drogenhändler geblieben. Denen ist alles gleichgültig.
Sie verkaufen ihren scheußlichen Kram auch am hell-
lichten Tag.« Auch die Bar gegenüber ist geschlossen.
Einige Meter weiter spaziert ein älterer Mann an einem
alten Wohnblock vorbei, einer »Casa di ringhiera«, dem
für Mailand typischen alten Wohnhaus aus den 1950er
Jahren, mit Innenhof und durchgehenden Balkonen an
der Fassade. Von den Wänden bröckelt aufgrund der
Vernachlässigung der Putz, die Farben sind durch die
Sonne verblaßt. Der Mann hat eine Zigarette im Mund.
Was mit dem letzten italienischen Geschäft sei, das im
Herzen Borgo Vittorias verblieben ist, wisse er nicht,
wie er sagt. Seit Tagen schon nichts mehr gehört. »Die
Besitzerin heißt Maria, ich kenne sie gut. Sie hat gesagt, daß sie schließen wolle, daß sie es hier nicht mehr
aushalte. Ich habe sie nicht mehr gesehen, vielleicht ist
sie wirklich weggegangen. Oder vielleicht ist sie bloß
krank und wird wiederkommen, morgen oder an einem anderen Tag.« Der rauchende Alte heißt Salvatore
und hat vor 25 Jahren Catanzaro im süditalienischen
Kalabrien verlassen, um sein Glück in Turin zu suchen.
Heute ist er fast 70 und lebt in einem Viertel, das der
Polizeipräsident Francesco Messina als schwierig, »pro-
blematisch« bezeichnet. »Hier ist alles voller Fremder,
rundum sieht man sie. Zu viele für meinen Geschmack.

Es sind fast alles Schwarze und Araber. Manchmal ist es zum Angst kriegen, ernsthaft.«

Borgo Vittoria, Aurora, Barriera di Milano, schwierige Viertel, sich selbst überlassen. Viertel, die von der Unterwelt erobert wurden. Stadtteile, längst »abgehängt« von allen sozialen Hilfsmaßnahmen, die hier gar nicht mehr greifen. Kein Wunder, daß man es hier vorzieht, das Vorhandensein und das stete Anwachsen einer illegalen Roma-Siedlung in der Via Germagnano, an der Nordgrenze zum Nachbarviertel Barriera, einfach zu ignorieren. Ein Lager, das es fast täglich in die Nachrichten schafft, mit Diebstählen, giftigen Feuern aus verbranntem Müll, Verfall, Vermüllung, verwahrlosten Kindern und all dem Brimborium, das man, Abziehbildern gleich, von all den anderen dieser Siedlungen hinlänglich kennt.

Es war um die Mittagszeit des 12. Mai 2017 als Oreste Giagnotto, ein 58-jähriger Turiner aus Barriera, Vater zweier Töchter, auf seinem Scooter von der Arbeit nach Hause fuhr, entlang jener Straße am Flughafen, wo sich eines der größten Roma-Lager Turins befindet. Am Lenkrad eines Wohnmobils unternahm eine 20-jährige Roma-Frau – ohne Führerschein – plötzlich ein waghalsiges Wendemanöver und verletzte den Familienvater dabei tödlich. Erste Hilfe zu leisten, kam ihr nicht einmal in den Sinn. Im Gegenteil. Vielmehr, so ist anzunehmen, eilte sie geradewegs ins Roma-Lager, und von dort rückte dann eine Art Trupp aus, um den sterbenden Mann noch seines Eigentums zu berauben. Eine Stunde später stellte sich Laura Suleimanovic der Polizei und wurde festgenommen. Einige Tage später, als das soundsovielte

Feuer im Lager der Via Germagnano aufloderte, brach der Zorn aus.

In jenen Tagen versuchten verschiedene Demonstrationszüge empörter Anlieger das Lager zu erreichen, um die illegale, gesundheitsgefährdende Ansiedlung zu beseitigen. Angehörige der Familie Giagnotto waren gleich aus mehreren Anlässen mit dabei. In der ersten Reihe des Aufzugs, der am 7. Juni versuchte, das Roma-Lager zu erreichen, fand sich Gemma, die Tochter des verstorbenen Rollerfahrers. Sie rief: »Wir fordern Gerechtigkeit für meinen Vater. Wir wollen nicht, daß er wie ein normaler Unfall behandelt wird, weil es wie ein Mord war. Mein Vater wurde umgebracht wie ein Hund und sogar noch ausgeraubt, als er schon auf dem Asphalt lag.« Unter den Teilnehmern des Protestes, der schlicht das Ergebnis einer Situation permanenten sozialen Sprengstoffs ist, finden wir auch Alberto. »Die Leute interessieren sich nicht für politische Zuschreibungen, schwarz oder rot,* völlig gleich, so wie unsere Situation, die sich nie ändert: Kriminalität, Drogenhandel, Kündigungen und nicht eingehaltene Versprechungen.« Er ist 55 Jahre alt, Wachmann bei einem Sicherheitsdienst, verheiratet und muß sich um seine Frau und die 20-jährige Tochter kümmern. Ich fragte ihn, ob er die Ereignisse jener Tage einordnen kann.

»Wir leben in einem Viertel, in dem wir gezwungen sind, die Straßenseite zu wechseln, bei jeder Roma-Gruppe oder bei nordafrikanischen Drogendealern. In einem Viertel, in dem man manchmal aufgrund des

---

* Vermutlich beziehen sich die Farben auf schwarz für die Faschisten und rot für die Kommunisten.

giftigen Rauchs, der von den illegalen Feuern des Roma-Lagers kommt, nicht mehr atmen kann. Meinst du, all das ist richtig und normal?«

Ich frage ihn, was er über Salvini denkt.

»Er ist hergekommen, hat sein Gesicht gezeigt. Auch wenn das Lager noch immer nicht geräumt ist, gefällt er mir ganz gut, weil er die Dinge angeht.«

»Sie beschuldigen ihn«, sage ich ihm, »den Leuten nach dem Mund zu reden, Ängste zu schüren.«

»Unsere Ängste hängen nicht von ihm ab, sondern von den Bedingungen, unter denen wir gezwungen sind zu leben. Er besucht die Orte, er kennt die Lage. Ich habe gesehen, daß er auch auf die Kommentare im Netz antwortet. Er ist ein Mann des Volkes.«

»Möchtest du einige Kritikpunkte an ihn richten?«

»Er darf keine Allianz mit Berlusconi bilden. 1994 arbeitete ich bei Fiat und der Abbau der Arbeiterrechte begann dank Berlusconi. Die Grillini gefallen mir nicht. Aber ich bin 55 Jahre alt und es ist nicht meine Schuld, daß ich mit 15 Jahren angefangen habe zu arbeiten. Ich habe 40 Jahre meine Beiträge bezahlt und wenn ich es schaffe, dank der *Quota 100** in ein paar Jahren in Pension zu gehen, denke ich, daß ich mir das verdient habe.«

»Ihr seid der Intoleranz gegenüber einer ethnischen Minderheit beschuldigt worden. Was antwortest du darauf?«

»Eine ehrliche Familie unseres Viertels mußte erleben, wie einer ihrer Angehörigen von einem Roma-Mädchen

---

* »Quota 100« ist der Name einer maßgeblich von der Lega initiierte Rentenreform, deren Ziel es unter anderem ist, das Renteneintrittsalter in gewissen Fällen senken zu können.

am Lenkrad eines Wohnmobils ermordet wurde. Weißt du, was aus dem Mädchen geworden ist? Sie ist aus der Haft entflohen und wurde nicht mehr wiedergefunden. Wie sollen wir da Vertrauen in die Behörden haben?«

Auf meiner Reise durch Italien mache ich einen Zwischenstopp in Rom, in dieser Hinsicht ohne Zweifel eine der heißesten Städte, denn sie ist von einer enormen Peripherie umgeben, die systematisch von den Behörden vernachlässigt wurde und dem konstanten sozialen Druck der hohen Migrationsflüsse bis zum Tag des Antritts der gelb-grünen Regierung im Frühjahr 2018 ausgesetzt war.

Es war im Juli 2015, als sich im Viertel Casale San Nicola, in der nördlichen Peripherie der Hauptstadt, das Schauspiel eines Zusammenpralls besonderer Art abspielte: Auf der einen Seite Demonstranten, die sich der Einrichtung eines Zentrums zur Aufnahme von hundert Immigranten – männliche Erwachsene zwischen 22 und 35 Jahren – entgegenstellten; auf der anderen Seite die Ordnungskräfte, die den Bus eskortieren, der die ersten neunzehn Bewohner der Asyleinrichtung herbeikutschierte. Bei Casale San Nicola handelt es sich nicht um eines jener Viertel aus Beton und Verwahrlosung, wie es so viele andere gibt, es ist eine ländliche Gegend, mit in der Landschaft verstreuten Gehöften, alle in privater Hand. Die Einwohnerzahl beläuft sich auf etwa 500. Allein aufgrund der Abgelegenheit der Gegend – hier gibt es weder Kanalisation noch Straßenbeleuchtung, weder einen öffentlichen Nahverkehr noch vollständig asphaltierte Straßen, und im Winter nachmittags um 16 Uhr 30 kommt man sich vor, wie in irgendeinem Wald wie sonst in der Welt – stellt die Ansiedlung von 100 Asylbewerbern hier eine regelrechte Invasion dar. In jener Zeit war Italien das Ziel andauernder Bootsanlandungen, und zehntausende Afrikaner ergossen sich über unsere Küsten. Rom sollte dazu seinen Teil leisten, und die Regierung Renzi gewährte der zuständigen Präfektur 3,3 Millionen Euro für die Unterbringung.

Im Mai verbreitete sich im Viertel die Nachricht von der Ankunft der Migranten. Im Rahmen einer völlig überfüllten Versammlung entschied man, am einzigen Zugang des Viertels eine feste Besatzung einzurichten, um sich dieser Entscheidung entgegenzustellen. Die Besatzung wurde von den anwesenden Bürgern parallel zu weiteren Initiativen und Demonstrationen für drei Monate aufrechterhalten, vierundzwanzig Stunden am Tag, um das eigenhändig aufgebaute Eigentum, das Lebenswerk all dieser Menschen, zu beschützen. Alle sind sie Arbeiter, darunter Berufstätige, die sich entschieden haben, dem Chaos der Hauptstadt den Rücken zu kehren, Bauern, die in dieser Gegend geboren und aufgewachsen sind, Kaufleute und Unternehmer. Alle waren gleichermaßen entschieden, bis zum Ende Widerstand zu leisten. Der damalige Präfekt von Rom und heutige Chef der Staatspolizei Franco Gabrielli reagierte mit abfälligen Äußerungen und drohenden Töne gegenüber den Demonstranten, und die politische Auseinandersetzung wurde von Tag zu Tag erbitterter. Gabrielli behauptete: »Wir haben 19 Personen gesandt, die sich in Casale San Nicola aufhalten sollen. Wir machen keinen Schritt zurück. Im Fall von Casale San Nicola gab es eine Ausschreibung [der Präfektur], und eine Kommission, die gemeint hat, daß die Betreiber der hiesigen Aufnahmestelle die Voraussetzungen erfüllten. Die Unterlagen sind angekommen und korrekt. Wenn es Leute gibt, die dem nicht zustimmen, so können wir nichts dagegen tun. Wenn sich dieses Prinzip der Ablehnung von Entscheidungen aber durchsetzen würde, wäre es zu Ende.« Darauf reagierte Salvini mit den Worten: »Rom, Treviso, Livorno, Bergamo, Piacenza. Präfekten! Anstatt den Bürgermeistern und den Bürgern (den Italienern wie den regulären Einwanderern), die protestieren, auf die Eier zu gehen – macht eure Arbeit und hört auf, tausende Illegale zu hätscheln! Nehmt sie in eurer Präfektur oder eurem Haus auf, wenn ihr sie denn wirklich wollt. Gut, ihr seid abhängig von Alfano*, aber schämt euch!«

Die politische Auseinandersetzung verwandelte sich in einen handfesten Zusammenprall, und das Aufnahmezentrum wurde schließlich geöffnet. Zwischen den Protesten, die gleichermaßen an den gesunden Menschenverstand appellierten und auf die Sicherheitslage hinwiesen, gab es auch starke Zweifel an der Rechtmäßigkeit. Für die Einwohner von Casale San Nicola erfüllt der vorgesehene Ort – eine ehemalige Schule – nicht die in der Ausschreibung vorgesehenen Eigenschaften. Die Frauen waren die wahren Hauptpersonen in den drei Monaten des Protestes. Eine von ihnen, die die erste Reihe besetzte, als das Einsatzkommando der Polizei den Befehl erhielt, die

---

* Angelino Alfano (* 1970), unter anderem 2008 bis 2011 Justizminister in der Regierung von Berlusconi, 2014 bis 2016 Innenminister in der Regierung von Renzi, danach bis 2018 Außenminister.

Blockade zu räumen, heißt Romina und ich habe sie interviewt.

»In jenen Tagen wurdet ihr als Beispiel für Mut und Rebellion gegen eine scheinbar unaufhaltsame Invasion beschrieben. Seit dem Tag, an dem ihr, mangels Alternativen, gezwungen wart, euch physisch der Aufnahme der Immigranten zu widersetzen, wurden da Solidarität und Unterstützung eingestellt?«

»Wir haben das getan, was richtig war, um unser Viertel zu verteidigen, unsere Familien, unsere Häuser. Wenn das, was wir erleiden mußten, jemanden gestört hat, finden wir uns damit ab. Vielleicht ist es das, was heute fehlt, Leute, die wirklich tun, was sie sagen. Wir haben getan, was wir drei Monate lang versprochen haben, wir haben uns physisch widersetzt, und ich garantiere dir, wir hätten alles auch aus geringerem Anlaß getan.«

»Salvini, der damals noch nicht Innenminister war – wie hat er sich verhalten?«

»Er hat seine Solidarität gegenüber unserem Protest zum Ausdruck gebracht, und in diesen drei Monaten haben mehrere Abgeordnete der Lega an unseren Demonstrationen teilgenommen. Nach hundertfachem Klinkenputzen bei den Politikern stellte Salvinis Auftritt die einzige Solidarität dar, die wir seitens der Politik überhaupt erhalten haben.«

»Was denkst du über den Politiker Matteo Salvini?«

»Er scheint mir eine glaubwürdige Person zu sein, ich hoffe, daß er seinen Weg machen wird. Das, was uns in Bezug auf die Blockade der Einwanderungsströme zuteil wurde, ist meiner Meinung nach die Frucht gestiegenen internationalen Respekts.«

»Was muß Salvini deiner Meinung nach als Innenminister unbedingt tun, damit er seine Positionen nicht verrät?«

»Das Aufnahmezentrum, gegen das wir bis zum Ende gekämpft haben und aufgrund dessen neun Jungs verhaftet und verurteilt wurden, wurde nur acht Monate nach den Ereignissen, vom eben jenem Präfekten Gabrielli als ›unerträglich aufgrund logistischer wie ökologischer Gründe‹ bezeichnet. Nach anderthalb Jahren hat die Präfektur das wieder vorgeschlagene Gebäude von der neuen Ausschreibung ausgeschlossen als ›nicht konform mit den baulichen, städtischen und gültigen Normen‹. Eben das, was wir vom ersten Tag der Besatzung an behauptet haben«, fährt Romina eindringlich fort – so redet jemand, der weiß, was er durch die Behörden erlitten hat, deren Pflicht es hingegen gewesen wäre, sie und das gesamte Viertel vor der Ungerechtigkeit zu schützen. »Was wir von Anfang an behauptet haben, wurde jetzt von der gleichen Präfektur bestätigt. Ich wünsche, daß Salvini den Mut aufbringt, diese Geschichte eingehend zu prüfen und Rechenschaft von dem zu fordern, der nicht länger Chef der Polizei sein dürfte.«

Während ich dies schreibe, sind die Protestfeuer an einer anderen Peripherie Roms gerade erst erloschen. Wir befinden uns in Torre Maura, und die von den Bewohnern angezündeten Müllcontainer, mit denen sie gegen eine Siedlung von siebzig Roma-Familien protestiert haben, wurden entfernt. Doch die Leute des Viertels bleiben wachsam, wenn auch die Ansammlungen an den Straßenecken aufgelöst sind. Das schwere Leben in einem schwierigen Viertel nimmt wieder seinen gewöhnlichen Lauf. Während eines kurzen Rundgangs, entlang der wütenden Bürgerproteste in der Umgebung der Via delle Alzavole, erzählt mir Walter, einer der Anführer des Protests, die Geschichte der kleinen Ortschaft, in der er schon immer lebt.

Ich frage ihn: »Man hat euch als Rassisten, Gewalttäter, Ausländerfeinde bezeichnet. Die Anwaltschaft in Rom hat sogar eine Untersuchung wegen Anstiftung zum Rassenhaß eröffnet.«

»Der Wohnblock, in dem siebzig Roma-Familien hätten Unterkunft finden sollen, ist jetzt ein Aufnahmezentrum, wenngleich es derzeit geräumt wird. Es gab niemals ein Problem, auch nicht für die ausländischen Ladenbesitzer [80 % der Geschäfte des Viertels werden von außereuropäischen Familien geführt]. Ihre Kinder gehen mit unseren in die Schule, sie besuchen einander, sie spielen zusammen, sie teilen sich dieselben Straßen, sie erleben denselben Rückzug jeder Form staatlicher Ordnung sowie dieselbe Abwesenheit der Behörden, die keine ihrer Aufgaben mehr wahrnimmt. Die Behörden wissen nicht, was sie sagen, oder sie tun so, als ob sie es nicht wüßten.«

»Salvini hat sich gegen jede Form der Gewalt ausgesprochen, aber er hat auch hinzugefügt, daß wir es alle satt haben, die Gelder für die zu verschwenden, die den ganzen Tag nichts tun oder, schlimmer noch, stehlen gehen.«

»Ich schätze Salvini. Er ist einer, der sein Gesicht zeigt. Er hat sich mehr als einmal anzeigen lassen, um die Häfen geschlossen zu halten. Ich würde Salvini aber doch sagen wollen, daß wir jeden Tag Gewalt erleiden. Sehen Sie diesen Stoß Äste und die Bäume, die fast bis zum ersten Stock des Wohnblocks reichen? Die haben wir beschnitten, die Bürger von Torre Maura, die wir uns selbst organisieren, um zu verhindern, daß Dreck und Verwahrlosung jeden Raum überschwemmen. Seit Monaten bitten wir das städtische Abfallunternehmen AMA die Äste wegzubringen, weil wir nicht die Mittel haben. Meinst du, daß die auch nur einmal hier waren? Heute siehst du, daß alle Mülleimer leer sind; sie haben sie geleert, weil die Presse seit Tagen im Viertel umherzieht, aber sobald alles wieder zur Normalität zurückgekehrt ist, wird auch der Müll zurückkehren, um auf einem Großteil der Gehwege und in den Gärten herumzuliegen. Ich bin 52 Jahre alt, arbeite vierzig Kilometer von zuhause entfernt, habe eine 20-jährige Tochter und eine Ehefrau, die morgens um 4 Uhr 30 aufsteht, um zur Arbeit zu gehen. Jeden Morgen bleibt meine Tochter alleine zuhause, geht alleine zu Schule, und ich habe Angst. Ich frage Salvini: Was ist die wahre Gewalt? Zehn Brote wegzuwerfen oder zu erlauben, daß ehrliche Bürger, die sich vierteilen, um ihre Familie durchzubringen, unter diesen Bedingungen leben?«

»Man hat euch beschuldigt, daß ihr gegen 33 Kinder losgegangen wärt.«

»Diese Beschuldigungen treiben mich zur Wut und ein bißchen auch zur Milde. Niemanden interessieren diese Kinder, wenn sie gezwungen werden in der U-Bahn zu stehlen, in den Müllcontainern zu wühlen, zwischen giftigen Bränden und Mäusen zu spielen, oder sich gelegentlich zu prostituieren. Jetzt brechen alle wegen dieser 33 Kinder in Verzweiflung aus. Wenn diese Kinder dem Bürgermeister von Rom so am Herzen liegen, zumindest so sehr, wie wir ihm am Herzen liegen sollten, dann würde er sie sofort den Eltern entziehen, weil ihr Weg ansonsten vorgezeichnet ist.«

In einem weiteren Sprung durch Raum und Zeit begeben wir uns nach Apulien, in die Gegend von Salento, in das Jahr 2016. Die offizielle Bekanntgabe eines Parasitenbefalls datiert schon aus dem Jahr 2013 – nach drei Jahren Untätigkeit brach dann 2016 der Protest der Landwirtschaftunternehmer aus. Das Feuerbakterium Xyella verbreitete sich und es bestand die Gefahr, daß es sich bis nach Bari ausbreitet, nachdem es bereits Lecce, Brindisi und Teile um Tarent befallen hatte. Camillo, Agrarunternehmer, 35 Jahre alt, Besitzer einiger Hektar Land mit Olivenbäumen, teilte zwar nicht unbedingt alle Forderungen der Protestbewegung (die Zeit wird ihm recht geben), aber er steht in der ersten Reihe, wenn es um die Sensibilisierung der Behörden geht, die er im Lauf meines Interviews als träge bezeichnet hat. Auf dem Gebiet der Landwirtschaft ist so etwas wie eine falsche Intervention der Europäischen Union unvorstellbar und die Maßnahmen lassen nicht lange auf sich warten. Der Europäische Gerichtshof bestätigt mit einem Urteil die ausgesprochenen Weisungen der Kommission. Die befallenen Olivenbäume sind zu fällen und mit ihnen auch alle gesunden Pflanzen, die im Umkreis von hundert Metern um einen kranken Baumstehen. Matteo Salvini, damals Fraktionsvorsitzender der Lega in der Abgeordnetenkammer, tobte: »Verdammte EUdSSR! Sie ordnet das Fällen der Olivenbäume in Apulien an, auch wenn sie nicht von der Xylella fastidiosa [einem Krankheitserreger vieler Pflanzenarten, Anm. d. dt.

Redaktion] befallen sind. Wird der nächste Befehl sein, die Weinstöcke im Chianti-Gebiet oder in Venetien auszureißen?«

Nebensächlich, daß die Maßnahmen eher durch einen Einspruch bei der Staatsanwaltschaft in Lecce blockiert worden sind, als durch die deutliche Ansprache Salvinis. Aber auch in diesem Fall zeigte sich Salvinis Nähe zum Volk. Knapp zwei Jahre später fordern nunmehr fast alle einhellig, die kranken Pflanzen zu fällen und die früheren Forderungen sind langsam vom Tisch. »Gebt uns die Möglichkeit, die Bäume zu fällen und verschiedene Arten neu zu pflanzen, damit wir unsere Unternehmen nicht dicht machen müssen, ohne uns zu zwingen, Jahre auf die notwendigen Genehmigungen warten zu müssen«, sagt Camillo. Als ich ihn auf den Vizepremier anspreche, demonstriert Camillo, daß er schon seit längerer Zeit sehr klare Vorstellungen hat. »Die anfängliche Linie«, der Stopp des Fällens, »erwies sich, wenn wir heute zurückschauen, als unpraktikabel. Ich muß anerkennen, daß die Partei Salvinis neuen Schwung in die Suche nach einer Lösung gebracht hat. Sie haben uns ein Jahr zur Analyse des Problems, ja des Dramas verschafft, aber sie haben es mit konstanter Anwesenheit vor Ort gemacht, was auch die Region Apulien gezwungen hat, sich zu bewegen.«

Und Salvini?

»Salvini werfe ich vor, daß er nie hier gewesen ist. Als die Schäfer protestierten, ging er zu ihnen nach Sardinien, als die Züchter protestierten, war er bei ihnen im Veneto, aber hierher kam er nicht. Gewiß, die Impulse, die diesbezüglich vom Landwirtschaftsminister, Gian Marco Centinaio von der Lega, ausgingen, sind auch sein Verdienst, aber er hätte hierherkommen müssen, um die Katastrohe und das Drama zu sehen, das durch die politische Trägheit verursacht wurde.« Und während die Coldiretti* sich über die beruhigenden Worte des Vizepremiers im Februar 2019 freut, scheint doch die Anwesenheit Salvinis vor Ort – der »Matteo in Uniform« – die beste Garantie für eine Lösung der Probleme zu sein.

Und nun, was denken die gewöhnlichen Leute über den Capitano mit der Polizeijacke und mit dem Gesicht eines braven Buben?

Wir befinden uns wieder in Rom, im Viertel Prati. Auf der Straße frage ich die Leute nach ihrer Meinung zum Minister Salvini. Und zu meinem großen Erstaunen stelle ich fest, daß inmitten der vielen, vielen Bewunderer auch jene sind, die ihn leidenschaftlich hassen. Die Gründe? Zumeist politische, rassische, religiöse.

Ich halte Laura an, eine 62-jährige Hausfrau, verheiratet, zwei Kinder. »Was denken Sie über Matteo Salvini?«

»Ich liebe ihn! Er ist der einzige, der Italien verändern kann. Er hat einen großen Vorzug, nämlich den, mit den Leuten auf einfache Weise zu sprechen. Er zieht sich nie zurück. Sehen Sie, ich habe über Jahre rechts gewählt, zuerst Berlusconi, dann bin ich zur Alleanza Nazionale übergegangen. Ich glaube, das war bei sehr vielen so. Die Frage der Migration trug viel dazu bei. Alle Politiker haben geredet und keiner hat sich je die Mühe gemacht, das Problem zu lösen. Aber finden Sie es normal, daß ich jeden Morgen das Haus verlasse, um einen

---

* Die Confederazione Nazionale Coltivatori Diretti ist ein gewerkschaftsähnlicher Zusammenschluss italienischer Landwirte.

Schwarzafrikaner vorzufinden, der mich ganz frech nach Geld fragt? Ständig sind sie da, lungern herum, immer das neueste Smartphone in der Hand. Salvini hat gesagt, daß er sie heimschickt. Dafür habe ich ihn gewählt und werde es weiterhin für einige Jahre tun, weil unser Land kein Land ist, das alle Afrikaner der Welt aufnehmen kann. Ich will ein Italien der Italiener, nicht das von irgendwelchen Leuten, die keinen Schimmer davon haben, was unsere Traditionen sind.

Die Schwächen des Ministers? Vielleicht gibt er sich manchmal mit Leuten ab, die mir nicht gefallen. Ich finde diesen Vertrag mit der Fünf-Sterne-Bewegung nicht besonders gut.«

Ich verabschiede mich von Laura und nähere mich der Via Crescenzio, wo ich Paolo treffe, 71 Jahre und pensioniert.

»Als junger Mann habe ich die Kommunistische Partei gewählt«, erzählt er. »Ich komme aus einer traditionell linken Familie. Als ich jung war, war der Parteisekretär wie ein Gott. Wir mußten alles befolgen, was er sagte. Aber das waren andere Zeiten, wir hatten Arbeit, mit der Lira ging es uns gut. Ich habe zwei Kinder, einen Sohn und eine Tochter. Als sie klein waren, konnten wir wenigstens zweimal im Jahr in den Urlaub zu fahren, im Winter in die Berge, im Sommer nach Sardinien. Wenn ich sie heute sehe! Es gelingt ihnen kaum, ihre Kinder nach Sabaudia* zu bringen. Das Geld ist knapp. Aber es geht einem schon besser, als noch unter Matteo Renzi. Ich habe ihn nicht gewählt, jenen da, auch schon des-

* Sabaudia ist eine während der Zeit des Faschismus neu gegründete Stadt, nicht weit südlich Roms am Meer, und ein beliebter Badeort.

halb nicht, weil er sich selbst auf den Amtsstuhl gesetzt hat, mit Arroganz. Aber wer glaubte er zu sein? Salvini hat sich wenigstens wählen lassen. Mein Herz bleibt links, aber ich verachte den Vizepremier der Lega nicht, denn wenigstens liebt er, was er tut und er macht es mit Engagement. Es gibt wirklich Schlimmeres.«

Beim Weitergehen treffe ich Luigi, 21 Jahre, Universitätsstudent, der mir gesteht: »Ich hasse den Faschismus in all seinen Formen und für mich ist Salvini ein Faschist. Ist Faschismus denn eigentlich nicht strafbar? Einer wie der dürfte nicht an der Macht sein. Unser Studentenkollektiv bemüht sich, solche Leute zu bekämpfen, weil sie in unseren Augen gefährlich sind. Was sie gefährlich macht? Ich hab's doch gesagt, der Faschismus.« Ich weise ihn darauf hin, daß der Faschismus schon seit einer guten Weile *passé* ist. »Ach, wirklich?«, antwortet er mir, »und was macht dann nach wie vor die Säule mit der Inschrift *Dux* [Führer] vor dem Olympiastadium und was macht Salvini noch in Italien?«

»Die Inschrift *Dux*?« frage ich ihn. »Jene, die die Boldrini schon entfernen lassen wollte? Naja, sie ist halt noch dort. Und Salvini auch.«

Ich gehe weiter und treffe Mara, 44 Jahre, Bankangestellte, und stelle ihr dieselbe Frage. »Was denken Sie über Matteo Salvini?«

»Salvini«, erklärt sie mir, »ist heute die einzige mögliche Wahl. Ich denke, er hat gut daran getan, sich mit der Fünf-Sterne-Bewegung zu verbünden, weil beide eine populistische Ader haben. Sie sind Parteien, die den gewöhnlichen Leuten nahestehen und die

Mächtigen hassen. Ich arbeite in der Bank und da sehe ich absurde Dinge. Die Sparer stehen aufgrund der vielen Jahre mit den technischen Regierungen und falschen Entscheidungen vor dem Kollaps. Es gibt Leute, die einst investiert haben und deren Geld heute trotzdem kaum bis zum Monatsende reicht.

Ich sehe keine Fehler beim *leader* der Lega. Ich denke nur, daß er etwas vorsichtiger sein sollte, wenn er auf öffentlichen Plätzen auftritt, denn es gibt nicht nur gute Menschen in dieser bösen Welt. Jene aus den linksautonomen Zentren zum Beispiel. Sie sind einfach nur absurd. Sie lehnen das alles ab, weil sie ihre Ideale verteidigen und Ausländer willkommen heißen, sich aber völlig von den Problemen der Italiener abgekoppelt haben. Aus diesem Grund denke ich, daß Salvini unterstützt werden muß. Er ist das Sprachrohr von uns gewöhnlichen Leuten.«

Ich höre jemanden Französisch sprechen und erblicke einen jungen Mann, der telefoniert. Ich gebe ihm ein Zeichen, daß ich ihn interviewen möchte. Er beendet sein Gespräch. Es ist Jacques, 33 Jahre, Franzose, der wegen seiner Arbeit in Italien lebt.

»Ich weiß nicht, was ich denken soll«, erklärt er mir. »Ich finde ihn sympathisch. Wenn ich ihn im Fernsehen sehe, bringt er mich zum Lachen, denn er ist ironisch und geht bestimmte Themen einfach auf die richtige Weise an. Auch wenn mir manchmal nicht gefallen hat, wie er Frankreich behandelte, bleibt davon aber seine Solidarität unberührt, die er beim Brand von Notre Dame ausgedrückt hat. Daher kann ich trotzdem nicht schlecht über ihn sprechen, denn ich sehe, daß er an das glaubt, was er tut und sich wirklich sehr bemüht. Dafür bewundere ich ihn, wie ich alle entschlossenen Personen schätze, die mit Freude arbeiten.«

Nach einigen Schritten erblicke ich Wanda, eine sympathische Dame von 90 Jahren. »Schauen Sie,« sagt sie mir, »ich verstehe wenig von Politik. Salvini sehe ich immer im Fernsehen. Ich bleibe fast den ganzen Tag zuhause und mir bleibt nichts anderes übrig, seitdem mein Ehemann verstorben ist. Ich glaube, er macht das gut, was er macht. Ich sehe, daß er ein ordentlicher Junge ist und sich auch sehr um die Alten kümmert. Ob ich ihn wählen würde? Ich gehe schon seit Jahren nicht mehr zur Wahl, und überhaupt, was kann man schon ändern?«

Am Tischchen einer Bar sitzt Adriana, 40 Jahre, Schauspielerin. »An Salvini«, gibt sie mir zu verstehen, »gefällt mir alles, und dann noch sein Charme. Ich habe eine Freundin, die dermaßen in ihn verliebt ist, daß sie sich manchmal bald schon wie ein Groupie verhält. Sie verpaßt keine Veranstaltung, an der ihr Capitano teilnimmt. Auf dem Niveau bin ich zwar nicht angelangt, aber ich muß gestehen, daß ich ein Abendessen mit ihm alleine gerne annehmen würde. Er hat Charisma. Ob er auch ein Bäuchlein hat? Das ist kein Problem. Die Männer mit zu vielen Muskeln essen keine Pasta, das könnte ich als geborene Neapolitanerin niemals aushalten.«

Der Kellner heißt Sandro, er ist 26, und man sieht, daß er sportlich ist. Nachmittags trainiert er auf dem Sportplatz. »Nein«, wagt er zu sagen, »Salvini mag ich überhaupt nicht. Er ist anmaßend. Ich wähle Fünf-Sterne, weil ich die Politiker dieses Lagers als menschlicher und als näher an den Leuten empfinde. Die einzig gute Sache, die Salvini getan hat, war, mit ihnen zu koalieren, auch wenn er nun letztendlich alles alleine macht. Im Fernsehen spricht man über nichts anderes als ihn. Nein, eine Schießbudenfigur ist er mit Sicherheit nicht, er ist einer, der weiß, was er tut, er ist schlau. Aber er sollte auch den anderen etwas Platz lassen.«

Wir bewegen uns in Richtung Vatikan und treffen Marco. Er sagt, er sei 50 und homosexuell, »überzeugt und ganz offen«, außerdem sei er »arbeitslos«. »Vom Äußeren her«, erzählt er, »gefällt mir Salvini, er ist hart. Aber seine Positionen zur natürlichen Familie verstoßen oft gegen die Freiheit anderer. Ich muß frei sein, meine Sexualität so auszudrücken, wie ich es will, und in diesem Italien steht ein Salvini sicherlich nicht auf meiner Seite. Wen ich wähle? Nicht ihn, aber auch nicht die Linke, die seit Jahren nur noch mit Parolen daherkommt. Ich bin nicht für Boldrini, ich mag diesen zur Schau gestellten Feminismus nicht, ich verteidige auch nicht das Adoptionsrecht für gleichgeschlechtliche Paare, aber ich glaube, man bräuchte mehr Respekt vor dem, der anders denkt.«

Beim Weitergehen treffe ich auf Francesco, 50, Soldat, aber er will mir nicht sagen, bei welcher Waffengattung er ist. »Was tut das zur Sache?«, erklärt er mir lächelnd. »Die Uniformen sind alle gleich, außer die von Häftlingen.« Bei Salvini hat er keine Zweifel: »Sobald ich pensioniert werde, werde ich für die Lega kandidieren. Im Moment fühle ich mich noch nicht bereit, aber ich würde Salvini von jetzt bis in alle Ewigkeit wählen, und ich hoffe, daß er früher oder später wieder mit dem Centrodestra zusammenfindet, um gemeinsam anzutreten. Es besteht eine natürliche Affinität zwischen den Parteien dieses Lagers. Mit den Fünf-Sternen hat die Lega doch nichts gemein. Ich würde sehr gerne sehen, daß sich Salvini, Meloni und Berlusconi auch auf nationaler und nicht nur regionaler Ebene zusammentäten. Ich bin mir sicher, das würde Italien verändern.«

Zwei Schritte weiter steht Antonello, auch er in den Fünfzigern. »Ich komme aus dem Süden«, erzählt er, »und mir gefällt Salvini nicht. Aber ich schätzte an ihm, daß er seinerzeit von der Sezession und dem Föderalismus sprach. Der Süden war historisch immer vom Norden abgehängt. Ich würde mir wünschen, Norden und Süden wären zwei verschiedene Staaten und der Süden würde von der Fünf-Sterne Bewegung regiert werden. Salvini kann im Norden bleiben. Dort würden sie ihn sicherlich schätzen.«

Vincenza, 68 Jahre, ist wiederum eine pensionierte Lehrerin. »Ich komme aus dem Süden«, antwortet sie, »und ich liebe Salvini. Warum? Weil er intelligent ist, mit Angriffslust spricht, aber er behält doch das rechte Maß an Erziehung. In ihm sehe ich viel von meinem Sohn, beziehungsweise sehe ich einen guten Menschen, der sich alles, woran er glaubt und was er tut, selbst erarbeitet hat und sich immer zurücknimmt, zum Wohle anderer. Und dann gefällt es mir, wenn er Fotos mit seinen beiden Kindern knipst; man sieht, daß er sie sehr liebt. Welchen Rat ich ihm geben würde? Er sollte sich eine ordentliche Frau suchen, eine, die neben ihm zu stehen weiß. Er bräuchte eine maßvolle und intelligente Frau, nicht eines von diesen Showgirls, die sich neben ihm blamieren. Kurz und gut, hinter jedem bedeutenden Mann muß eine ebenso starke Frau stehen. Und unser Matteo ist wirklich ein toller Mann. Ich frage mich, ob er nachts schläft. Ah, er hat es ihnen bestätigt? Meiner Meinung nach hat er sie angelogen, meiner Meinung nach ist er ein Superman, der keine Müdigkeit kennt. Wenn du voll dieser Energie bist, die er hat, dann bist du niemals müde.«

Die letzte, die ich befrage, ist Manuela, 61 Jahre, Vollzeit-Oma: »Ja, was soll ich Ihnen denn sagen? Er ist unser *Matteo nazionale*. Wir lieben ihn alle.«

Von Rom begebe ich mich am nächsten Morgen nach Mailand. Auf dem Hauptbahnhof treffe ich Paolo, 75 Jahre, Vermessungstechniker im Ruhestand. Er wartet auf seine Tochter, die mit dem Zug aus Venedig kommt. »Ich denke«, und es folgt ein Wortschwall, »es ist ihm gelungen, eine Regionalpartei in eine große nationale Partei umzuwandeln, und das ist nicht wenig. Er ist ein ausgezeichneter Politiker, charismatisch, und er ist der Hoffnungsträger für die zukünftigen Italiener. Ich bewundere ihn vor allem dafür, daß er die ankommenden Migrationsströme aufhält. In letzter Zeit erscheint er mir jedoch etwas verhalten zu agieren, so als hätte er Angst vor seinem Koalitionspartner und als gelänge es ihm nicht, das anzupacken, was allen am Herzen liegt: das Thema der Arbeit. Die ganzen kleinen und großen Aufgaben, bei denen man nicht versteht, warum sie nicht angegangen werden, das ist seine Bewährungsprobe für die folgenden Wahlen. Die Italiener spüren, daß die Grillini* da

---

* Synonym für die Fünf-Sterne-Bewegung, benannt nach ihrem Begründer Giuseppe Piero »Beppe« Grillo (*1948).

die Finger im Spiel haben. Die Italiener wollen da keine großen Worte, sondern handfeste, entschlossen durchgesetzte Tatsachen.«

Nur ein bißchen weiter treffe ich Matteo, 20 Jahre, Ingenieurstudent. »Als ich jung war, machte ich mich über ihn lustig. Ich habe auch *Memes* gemacht, die wir uns dann im Freundeskreis herumschickten. Heute poste ich jedoch nur noch ernste Dinge über ihn. Er ist der Einzige, der die Energie hat, Italien zu verändern. Er ist ein Politiker mit den Fähigkeiten, die in diesem Land fehlten. Er hat keine Angst vor nichts, er spricht mit dem Herzen und sagt, was er denkt. An ihm gefällt mir seine Spontanität und daß er immer direkt ist. Ein Fehler? Er ist ein bißchen überempfindlich, bezieht sich immer wieder auf die, die ihn kritisieren. Ich würde es an seiner Stelle manchmal bleiben lassen.«

Ich verlasse den Bahnhof und befinde mich in den kleinen Grünanlagen auf dem Bahnhofsvorplatz. Ich bin umgeben von Nichteuropäern. Einige fragen mich ganz direkt, ob ich »was gebrauchen« könne, »Stoff«. Plötzlich fängt einer an, mich anzuschreien. Ich mache klar, daß ich eine Journalistin bin und sie dazu befragen möchte, was sie über Matteo Salvini denken. Ein Jugendlicher schreit mich an: »Hau ab«. Ein anderer ruft mir Beleidigungen zu. Schließlich kommt Mohamed. Er behauptet, 27 Jahre alt zu sein und daß er 2016 mit einem Schiff angekommen sei.

»Salvini?«, stellt er klar, »ist das absolute Böse. Mir war Renzi lieber. Salvini kapiert nicht, daß die Welt allen gehört und daß wir Freizügigkeit brauchen. Ich bin auf einem Schiff angekommen, weil ich in Tunesien keine

Arbeit hatte und kein Geld, um mir ein Flugticket zu kaufen. Ah, du sagst, daß meine Fahrt über das Mittelmeer teurer gewesen sei?« (Er antwortet nicht und geht davon.)

Noch merklich bewegt von dieser Begegnung mache ich mich auf in Richtung Pirelli-Hochhaus. Dort treffe ich Giuseppe, 43 Jahre, Postangestellter. »Ich liebe die Politik nicht«, sagt er, »glauben Sie mir. Aber ich muß zugeben, daß dieser Mann dort die Massen aufrüttelt, er weiß, wie man sich Gehör verschafft. Anfangs wählte ich die Fünf-Sterne-Bewegung, dann habe ich entschieden, es mit der Lega zu probieren und bin zufrieden, es gemacht zu haben. Ich erkenne weit mehr Konkretheit in der Arbeit des Innenministers. Die Grillini widersprechen sich in zu vielen Dingen, Salvini hingegen verspricht etwas und tut es. Ein Beispiel? Schauen Sie, das neue Notwehrrecht: Ich muß das Recht haben, mich in meinem Haus zu verteidigen und jetzt habe ich dieses Recht endlich. Das Bedingungslose Grundeinkommen des Di Maio hingegen erscheint mir nur ein kleines Geschenk für Faulenzer und Ausländer zu sein.«

Marisa, Hausfrau, 56 Jahre, antwortet mir: »Ich wähle ihn nicht, er ist mir zu grob. Aber meinem Ehemann gefällt er sehr. Was will man machen, jeder denkt, was er für richtig hält. Ich bin für den freien Gedanken.«

Auf dem Bürgersteig sitzt Marco, 21 Jahre, Aktivist eines der autonomen Zentren: »Er ist ein Lega-Fascho, der neue Mussolini. Ich verstehe nicht, warum man ihm überhaupt Aufmerksamkeit schenkt und ihn auch noch zum Minister macht. Mehr will ich nicht sagen, ich spreche nur über normale Menschen.«

Ich lasse den Bahnhof seitlich liegen und treffe eine Mamma mit Kind. Das Mädchen heißt Giorgia, ist elf Jahre alt und möchte anstatt der Mutter meine Frage beantworten: »Wenn ich groß bin, will ich wie Salvini sein und in ganz Italien rumfahren, um mit den Leuten zu sprechen. Mein Vater ist Polizist. Salvini ist sein Chef und ich finde es toll, wenn er die Polizeijacke anzieht.«

WAS DENKEN DIE
FOLLOWER?

Facebook ist der Ort, an dem man die Meinung der Italiener am besten einfangen kann. Jeder von uns sitzt vor dem Bildschirm und hält sich angesichts eines Millionenpublikums für den großen Zampano. Die Wahrheit dabei ist: Der tatsächliche Hauptdarsteller innerhalb des italienischen Universums der sozialen Netzwerke ist Matteo Salvini. Immer, wenn eine Benachrichtigung eintrifft und Facebook bimmelt, weil der Capitano gleich live auf Sendung geht, lassen Hunderttausende alles stehen und liegen, um zu hören, was Matteo Salvini zu sagen hat. Und die Kommentarleiste unter der Liveübertragung platzt aus allen Nähten. Da gibt es dann alles, vom Lob bis zur Beleidigung. Jene, die ihn auffordern, nicht von seinem Weg abzuweichen. Jene, die ihre persönlichen Probleme ausbreiten, und die, die es nicht abwarten können, ihm die Meinung zu geigen.

Daß ich den Minister persönlich kenne, ist bekannt. Und so kamen in den letzten Jahren viele auf mich zu, um mich zu bitten, ihn in ihrem Namen zu grüßen, ihm ihren Kummer vorzutragen, ein Treffen zu arrangieren und vieles mehr. »Salvini, kümmer' du dich darum«, scheint mittlerweile das Motto seiner unzähligen Anhänger geworden zu sein. Wie gesagt, er ist wie Clark Kent, in jeder Situation bereit, sich in einen Superhelden zu verwandeln, für Italien und die Italiener. Wen auch immer ich interviewt habe und wer gut über ihn sprach, gab zu, tatsächlich das größte Vertrauen in die Arbeit des Vizepremiers zu haben.

Die Kommentare im Netz sind da schon unterschiedlicher. Es gibt jene, die ihm schreiben: »Herr Minister, weiter so, das Vaterland und die Grenzen müssen immer verteidigt werden«, oder auch: »Matteo, ich habe dir eine Mail geschrieben, ich hoffe, daß du mir früher oder später mal antwortest«, in der Hoffnung, daß der Minister sich tatsächlich irgendwann seiner erinnert. Und dann gibt es die Einladungen: »Capitano, wir erwarten dich auf Sardinien! Beeil dich, denn hier gibt es viele Probleme.« Oder: »Matteo, vergiß nicht, den Arbeitsmarkt für die Jugend anzukurbeln. Mach weiter, Capitano, die ehrlichen Italiener stehen zu dir.«

Der größte Teil der Kommentare dreht sich um das wichtigste Thema der Lega, nämlich um die Blockade der Häfen: »Die NGOs«, schreibt jemand, »und die Schlepperkähne, schick sie nach Frankreich, zu Macron. Er ist der Grund für das Chaos in Libyen und er muß die Migranten aufnehmen. Wenn Conte die Häfen aufmacht, blockiere du die Invasion. Gib nicht nach, verrate uns nicht!«

Auch gibt es die *follower*, die vor allem auf den Gegner losgehen: »Der Partito Democratico liegt im Sterben, dort haben sie keine Argumente mehr und sind nur noch dazu in der Lage, unseren Capitano zu beschimpfen.«

Aber zumeist sind die Kommentare positiv, einer folgt auf den anderen; »Matteo, du bist eine Legende zum Beneiden!«, »Wenn du in meine Gegend kommst, lade ich dich zum Aperitivo* ein.«

Im Unterschied dazu gibt es auch jene, die ihn beschimpfen: »Schweig!«, »Schäm Dich«, »Capitano, mehr

---

* Der »Aperitivo« ist eine in Italien weit verbreitete Form des frühabendlichen Beisammenseins, in der Regel beschreibt es das gemeinsame Einnehmen eines Drinks an einer Bar, in der zu den Getränken auch kleine Snacks gereicht werden.

Taten und weniger Geschwätz und Panini.* Nach irgendwelchen Tragödien kommst du immer an und machst Versprechungen, aber wann tust du etwas?«, »Ohne das Internet würdest du sterben, Matteo. Denn die Wahrheit ist, daß du ohne das Netz ein Niemand bist«, »Schluß mit der Propaganda! Worte, Worte, Worte. Wir brauchen Fakten, Fakten, Fakten, die mehr sind, als nur ein paar aufgehaltene Einwanderer.«

Liebe und Haß für eine Persönlichkeit, deren stärkste Waffe die moderne Kommunikation ist. Matteo Salvini ist der *spindoctor* seiner selbst. Auch wenn er ein starkes Team um sich herum hat, das sich professionell um sein Image im Internet und in den Massenmedien kümmert, gestaltet er den Großteil seiner Postings immer noch selbst. Das zeigt sich daran, daß das, was er postet, oft durchtränkt ist von offenkundiger Naivität. Es gelingt ihm, ein Selfie mit einem Teller Polenta mit seinem Sicherheitsdekret zu vermischen, so, als wäre beides gleich wichtig.

Er ist der Minister, der für alle in Reichweite bleibt. Ein Traum, wie alle *follower* eines Idols ihn träumen. Hier wurde er verwirklicht. Es ist ein wenig so, als würde man ohne Raumkapsel zum Mond fliegen. Du triffst Salvini auf der Straße und er verweigert dir das Foto nicht. Du triffst Salvini auf Facebook und wenn du Glück hast, dann grüßt er dich. Du greifst Salvini unter einem seiner Posts an und er antwortet dir mit Sarkasmus. Du richtest einen Aufruf an Salvini und er empfängt dich im

---

* Als Anspielung darauf, daß Matteo Salvini nahezu täglich Fotos von seinem Essen ins Netz stellt, das nicht selten aus den verschiedensten belegten Brötchen besteht.

Innenministerium. Erinnert ihr euch an Anna Rita Lo Mastro, die Mutter des Fallschirmjägers der Folgore,[*] David Tobini, gefallen am 25. Juli 2011 bei Bala Mourghab in Afghanistan? Nun, sie schrieb einen langen offenen Brief an den Innenminister, mit der Bitte, ihn treffen zu dürfen. Niemand hatte ihr je zuvor geantwortet, weder Matteo Renzi noch Paolo Gentiloni. Alle haben sie ignoriert, vielleicht aufgrund ihrer direkten Art und ihrer unmißverständlichen Bitte um Gerechtigkeit. Alle außer Salvini, dem sie dann prompt einen großen Obstkuchen mit ins Ministerbüro brachte. Wer hätte so gehandelt? Wer hätte eine Mamma empfangen, die Gerechtigkeit sucht, und ihr seine Zeit geopfert?

Einmal machte ich Salvini mit jemanden bekannt, der ihn über verschiedene wichtige Aspekte der italienischen Politik unterrichten wollte. Wir saßen in einem Café in Rom. Ich erinnere mich noch, daß es ungefähr im Dezember war, jedenfalls war es kalt. Wir betraten das Lokal und mein Begleiter fing mit seinem langen Monolog an. Der Minister begann umherzuschauen, schien abgelenkt, unaufmerksam. Ich glaubte, daß er sich langweilte, doch am Ende der langen Ausführungen faßte Salvini mit wenigen Begriffen das zusammen, was der Mann ihm mit seinen umständlichen Umschreibungen berichtet hatte. Damals verstand ich, daß der Minister eine große Fähigkeit zur inneren Verarbeitung besitzt, daß es seinem Verstand gelingt, Informationen auch in Situationen aufzunehmen, in denen es für die meisten anderen unmöglich wäre. Seither bin ich stets der

* Die Fallschirmjägerbrigade »Folgore« ist ein Großverband des italienischen Heeres.

Meinung, daß Matteo Salvini einen Abschluß *honoris causa* in Kommunikationswissenschaften verdient hätte. Er ist der Kommunikator *par excellence*, der Mann der sozialen Interaktion, ob in einer realen Situation oder im Netz, er schafft es, für alle da zu sein. Du berührst mit der Hand den Unerreichbaren, um dann festzustellen, daß vor dir ein ganz normaler Mann mit all seinen Stärken und Schwächen steht, der nichts anderes als jene Hartnäckigkeit besaß, da anzukommen, wo er ankommen wollte, der an diesen Weg glaubte und an ihm festhielt. Matteo Salvini wußte, daß die Lega wachsen würde, daß man respektable Prozentzahlen erreichen werde. In wenigen Jahren von 4 % auf 30 % zu kommen, das schafft nicht jeder. Diese überragenden Zustimmungswerte konnte die Lega erreichen, weil die Italiener genug hatten von einem System, daß sie einfach bei Seite schob, um sich erst um all die Ausländer im Land zu kümmern, und nicht um die eigenen Bürger.

Und Salvini hat das verstanden, er wußte es schon immer. Weil das Rezept, das er verinnerlicht hat, genau darin besteht, für die normalen Bürger da zu sein, für jene Menschen, denen zuvor niemand zuhörte und die sich ganz einfach ein gewisses Gefühl der Sicherheit wünschen. »Matteo, nur du kannst uns retten, befreien von denen, die den Untergang Italiens wollen«, schreibt jemand. Und weiter auf Facebook: »Salvini, du bist unser Held, rette uns aus der Verzweiflung, die uns umgibt.«

Wie bereits gesagt, es gibt auch den User, der ihn beschimpft, der alles Mögliche schreibt, was ihm gerade in den Sinn kommt, weil im Netz alles erlaubt ist, auch einen Minister der Republik zu beleidigen, einen

Amtsträger. Ein Recht, das uns zusteht, weil wir uns in einer Demokratie befinden. Aber Salvini hat gezeigt, daß er das akzeptiert, ansonsten hätte er einen anderen Beruf gewählt. Das ist der Preis, der gezahlt werden muß, wenn man auf dem Gipfel der italienischen Politik angekommen ist. Die Leute auf der Straße umarmen ihn, küssen ihn, tätscheln ihn, bieten ihm etwas zu Essen an, ihre Gastfreundschaft, ihr Lächeln, und er antwortet mit einem lieben Wort, stimmt zu, hört zu, seinerseits lächelnd.

Und doch hat dieser Mann, dieser Tausendsassa, bereits einige seiner Schwächen offenbart. Er ist überempfindlich, hauptsächlich gegenüber denen, die ihn kritisieren. Die Freunde beanstanden, daß er auf der einen Seite zu gut, aber bisweilen auch zu offenherzig ist, insofern er sich zu oft zu Kommentaren hinreißen läßt, die er sich besser hätte sparen sollen, um die Dinge nicht noch schlimmer zu machen.

Schauen wir uns den Fall Diciotti an, in dem die von Salvini verfügten Maßnahmen und seine diesbezüglichen Erklärungen beinahe zur Einleitung von Ermittlungen gegen ihn geführt hätten. Sicher, er wurde dann tatsächlich von seinen Koalitionspartnern gerettet, die ihn unter Berufung auf den Koalitionsvertrag letztendlich vor einem Ermittlungsverfahren geschützt haben. Aber was wäre geschehen, wenn es dieses Stück Papier nicht gegeben hätte? Vielleicht müßte sich Salvini heute vor dem Ministergericht* verantworten und befände sich in ernsthaften Schwierigkeiten. Und es gibt einen anderen

---

* Das sogenannte »Ministergericht« (Tribunale die Ministri) ist Teil einer Abteilung der Landgerichte, die sich mit jenen Straftaten befassen, die etwaig vom Ministerpräsidenten oder Ministern im Amt begangen werden.

Punkt, der Beachtung verdient. Die Europawahlen nähern sich und der Innenminister steuert auf einen haushohen Sieg zu. Doch das Pendel politischer Zustimmung ist nie stabil, es folgt wechselnden Umständen und Stimmungen, und es besteht durchaus die Möglichkeit, daß Salvini, wenn auch nur knapp, unter die 30%-Marke fällt, unter jene Mindestgrenze, die notwendig ist, um seine Glaubwürdigkeit beizubehalten, die er mit der Zeit gewonnen hatte und die alle von ihm erwarten. Die Frage ist, was geschieht, wenn die Zustimmung dauerhaft unter dieser so wichtigen 30%-Marke bliebe?*

In diesem Fall ginge es darum, einen minimalen Einbruch in der Wählergunst einzugestehen, während man die Schuld bei sich selber sucht, bei eigenen politischen Fehlern oder bei dem einen oder anderen Kommunikationsproblem.

Salvini setzt alles auf die Zustimmung der Gegenwart, vielleicht lebt er Tag für Tag mit seinem Handeln, dessen Ernte er dann eher kurzfristig einfährt. Aber es bleibt zu bedenken, daß es immer besser ist, eine Vision davon zu haben, was in der Zukunft noch alles passieren kann.

---

* Die Lega Nord sollte bei der Europawahl schließlich ein Rekordergebnis von 34,3 % der Stimmen erreichen.

WAS DENKEN DIE FREUNDE?

Eines ist sicher: Seine Freunde lieben ihn. Wenn sie sich an den jungen Aktivisten der Lega Nord erinnern, an den Gemeinderat, der dieselben Gefechte ausfocht, die er auch heute noch ficht. »Das Schöne an ihm ist, daß er sich nicht verändert hat«, sagte mir ein bekannter Lega-Politiker der aber anonym bleiben wollte. »Wenn jemandem der Erfolg auf die Stirn geschrieben steht, dann kann man nichts machen«, fügt er hinzu, »denn wer als *leader* geboren wird, bleibt immer ein *leader*, und reißt die Massen mit. Jeder hat sein Schicksal und seine Mission auf der Erde, und die von Salvini ist es, Italien in Richtung guter Veränderungen zu führen.«

»Die Freunde trägt er im Herzen«, erzählt mir ein anderer seiner treuen Wegbegleiter, »auch wenn ich feststellen muß, daß er sich in letzter Zeit bevorzugt mit anderen Jungs umgibt, nicht unbedingt brandneuen Lega-Mitgliedern, aber eben smarten Leuten mit Verstand, die doch eine gewisse Frische im Denken mitbringen. Vielleicht ist er der alten Garde auch nur ein bißchen müde geworden.«

Simona Bordonali, Parlamentsabgeordnete der Lega und dort Mitglied der Kommission für Verfassungsfragen, erinnert sich, wie sie ihn kennenlernte: »Blicken wir in die frühen Neunzigerjahre zurück. Ich studierte an der Universität Mailand und besuchte die dortige Ortsgruppe der Lega Nord, da es mir nicht gelang – auch wenn ich aus Brescia komme –, mich unter der Woche von der Politik zu lösen, und weil sich seinerzeit diese politische Gruppe junger Leute in Mailand zusammenfand. Damals gab es dann mehrere Ortgruppen überall und Salvini, der etwa zwei Jahre jünger ist als ich, war Teil dieses Umfelds. Er war gerade mit Marco Formentini zum Stadtrat gewählt worden. Schon damals hatte er diese Entschlossenheit. Man sah damals schon, daß er einfach ein Anführertyp war. Mit den Jahren wuchs er immer weiter in diese Rolle hinein. Wir trafen uns auch an der staatlichen Universität, die wir beide besuchten, er studierte Geschichte und ich Sprachwissenschaften, und da liefen wir uns hier und da über den Weg.« Bordonali spricht über einen Salvini, der sich nicht verändert hat. »Das ist eine Sache, die ihn charakterisiert«, sagt sie, »zwar haben sich die Verantwortlichkeiten geändert und dadurch auch die Rollen, klar, aber er ist er selbst geblieben. Er ist so hilfsbereit und einfach wie seit je. Das Schöne an ihm ist, daß er noch die gleiche Beziehung zu seinen alten Freunden hat. Freunde, die er nicht vergißt, auch dann nicht, wenn sie Probleme haben. Trotz der unzähligen Verpflichtungen, gelingt es ihm immer, etwa wenn ein Aktivist Gesundheitsprobleme hat, einen Moment zu finden, um ihn zu besuchen. Das hat er auch bei einer unserer Aktivistinnen in Brescia gemacht, die vor kurzem verstorben ist. Das ist eine der schönen menschlichen Gesten, die ihn jenseits seiner Rollen auszeichnet. Prinzipien und Werte, die er sich weiterhin bewahrt.«

Welche Kritik an ihm kann sie hervorbringen? Bordonali hat keine Zweifel: »Er ist zu gut. Er ist jemand, der alles gibt, der zuviel Vertrauen an alle verschenkt, manchmal täte jedoch etwas mehr Gerissenheit gut, vor allem, wenn man eine so bedeutende Partei führt, wie die Lega es nun geworden ist. Also ab und an würde es helfen, etwas härter und energischer zu sein, vor allem wenn es um die Führung dieser Partei geht, die im Moment so sehr im Aufwind ist. Manchmal ruhig auch gegenüber dem Koalitionspartner.« Von den Europawahlen verspricht sich die Abgeordnete für die Lega »den gleichen Erfolg, auf dessen Welle die Partei nunmehr seit über einem Jahr reitet. Erinnern wir uns auch«, fährt sie fort, »an die Ergebnisse der Regionalwahlen, die meine Partei geholt hat, daß sie vor allem in Regionen große Zuwächse erringen konnte, wo sie zum ersten Mal überhaupt zur Wahl stand. Ich glaube, daß wir angesichts dessen beachtliche Ergebnisse holen werden. Auf die Umfragen darf man nicht zuviel geben, stattdessen muß man bis zum letzten Tag arbeiten, und das ist es, was uns von jeher auszeichnete: die Verwurzelung vor Ort, die von grundlegender Bedeutung ist. Der Parteichef bekräftigt immer wieder, daß diese Regierung fünf Jahre halten wird, oder sogar auch darüber hinaus bestehen könnte. Das ist seine Linie, wir müssen den unterschriebenen Vertrag respektieren und denen, die uns gewählt haben, danach ein anderes Land zurückgeben, anders als jenes, das wir übernommen haben, deswegen setzen wir uns weiter dafür ein.«

Ein anderes Beispiel für die Wertschätzung, die dem Minister entgegengebracht wird, stellen die Erklärungen des Fernsehmoderators Giancarlo Magalli dar, als er im November 2018 Gast bei *Cantiere Italia* war, dem Bundeskongress der damaligen politischen Bewegung von Gianni Alemanno.[*] Es sind Worte, die

---

[*] Giovanni Alemanno (* 1958), 2001–2006 Land- und Forstwirtschaftsminister, 2008–2013 Bürgermeister Roms, Ämter in verschiedenen, auch eigenen Parteien, wie dem 2017 gegründeten Movimento Nazionale per la Sovranità; aufgrund eines langjährigen Prozeßes (Parteienfinanzierung) zog er sich 2019 aus der Politik zurück.

vom Vorsitzenden der Lega sehr geschätzt wurden: »Matteo Salvini ein Rassist? Ich würde sagen, er ist ein Protektionist. Eher, als daß er die Fremden haßt, wäre es ihm lieber, daß sie gar nicht kämen. Er haßt sie nicht, weil sie Fremde sind, aber er will nicht, daß sie kommen, weil es sich um Personen handelt, die Kriminalität und Unordnung bringen. Aber jedes Mal, wenn er das behauptet, sagt es ein anderer noch rabiater, und jedes Mal steigen die Wahlergebnisse. Damit will ich sagen, daß er wohl nicht unbedingt gegen die Wand spricht. Vielleicht drückt es aus, was die Leute – jedenfalls ein Teil von ihnen – ohnehin auch so sehen, oder nicht?«

Die Anwältin Elisabetta Aldrovandi, Präsidentin eines großen landesweiten Verbandes, der sich für die Opfer von Straftaten einsetzt, beschreibt Salvini als »einen der wenigen echten Politiker inmitten kleinkarierter parteipolitischer Karrieristen. Er fürchtet das fremde Urteil nicht«, erklärt sie, »weil seine Vision der Welt, ob man sie teilt oder nicht, sich nicht auf die nächste Wahl beschränkt, sondern auch die kommende Generation in den Blick nimmt. Nicht zufällig spricht er in seinen Reden oft über die Kinder und die Jugend, über die Familie als der Keimzelle unserer Gesellschaft. In der Art, wie er Politik versteht und politisch handelt, betrachtet er den ›gewöhnlichen‹ Bürger als den Hauptdarsteller, der nicht nach dem strebt, was heroisch erscheint, sondern einfach nach einem normalen Leben mit Familie und Arbeit, was aber in der heutigen Gesellschaft – erschüttert in ihren Fundamenten und Werten –, wie etwas Unerreichbares erscheint, fast utopisch.« Und weiter: »Seine Stärke besteht darin, den Dingen ihre Normalität zurückgegeben zu haben. Er unterstreicht die Bedeutung der Werte wie Staatsbürgerschaft, Wurzeln, Zugehörigkeit zu einer Kultur, die ihren Ursprung im Christentum hat, das man nicht verleugnen kann, weil es geschichtlich ein Teil von uns allen ist, ganz gleich, wie sehr im Namen der Kirche auch Schindluder und Frevel betrieben worden sein mag. Und sich selbst treu bleibend, mit beiden Beinen auf dem Boden geblieben und dem geraden Blick auf jene Ziele gerichtet, die die Gesellschaft ausmachen, will er für sich und die Italiener Recht und Gerechtigkeit, Respekt vor den fundamentalen Regeln des zivilisierten Zusammenlebens.«

Eine Schwäche? »Vielleicht will er sich zu sehr mit allem beschäftigen, auch mit Themen, die zuweilen über seine spezifischen Kompetenzen hinausgehen. Er vermischt manchmal die Rolle des Ministers mit jener des Parteivorsitzenden. Das drückt seine vielseitige und leidenschaftliche Persönlichkeit aus, könnte aber Anlaß zur Instrumentalisierung sein.«

Und dann erinnert Aldrovandi sich an einige Momente, die sie mit Salvini verbindet. »Ein Erlebnis«, erzählt sie, »geht auf das Jahr 2009 zurück, als er vor seiner ersten Wiederwahl als Europaabgeordneter stand. Einige Mailänder Bürger berichteten mir von Problemen mit ihrem Wohnhaus, das der Gemeinde gehörte. Ich schrieb via Facebook eine Nachricht an Salvini. Er antwortete, indem er mich an einen Gemeinderat der Lega verwies, den ich anschrieb und dem ich das Problem darstellte. Ich hörte daraufhin nichts mehr, bis ich eines Tages (ich war gerade in New York) einen Anruf von einer unbekannten Nummer erhielt. Es war die Geschäftsstelle der

Lega in Mailand, die mich über die Zusendung einer Mail informierte. In dieser Mail übersandte man mir die entsprechende, an die Gemeinde gerichtete parlamentarische Anfrage inklusive der diesbezüglichen Antwort. An all dem erkennt man, wie präsent und unkonventionell Matteo Salvini einfach ist. Ein einzigartiger Politiker, dem es gelingt – da er den Leuten wirklich nahe ist –, die Probleme zu erfassen und zu verstehen.

Die andere Geschichte ist nicht ganz so lange her. Ich traf den Minister zufällig vor einem Gefängnis in Piacenza, in dem ein Unternehmer einsaß, der wegen versuchten Mordes verurteilt worden war. Er hatte auf einen Einbrecher geschossen. Ich berichtete Salvini von der Absicht unserer Hilfsgemeinschaft für die Opfer von Straftaten, den Kampf um ein Gnadengesuch für den inhaftierten Bauunternehmer zu unterstützen. Ein paar Wochen später kontaktierte mich Salvini, um mich einzuladen, auf einer Pressekonferenz anläßlich des 8. März* über ein Gesetzesvorhaben der Lega in Sachen Opferschutz zu sprechen und um diesbezüglich die Stellungnahme unseres Verbandes vorzustellen.

Zwei Anekdoten, die einem gut vor Augen führen, wie es sein kann, daß Salvini für so viele Italiener einfach *der Matteo* ist. Egal, welches Staatsamt er ausführt oder welche Uniform er sich überstreift. Und das ist zweifellos einfach seine große Stärke.«

Auch Gianni Tonelli sagt, daß er den Minister bewundert. Tonelli, nunmehr Abgeordneter der Lega, den meisten jedoch noch eher im Gedächtnis als der

---

* Der 8. März ist ein wichtiger Feiertag in Italien, *Festa delle donne*, Weltfrauentag.

kämpferische Vorsitzende der Polizeigewerkschaft *Sap*, der noch zu Zeiten der Regierung Renzi sogar in einen zweimonatigen Hungerstreik trat, um die Rechte seiner Beamtenkollegen durchzusetzen.

»Den ersten Kontakt mit Matteo hatte ich am 30. April 2014. Ich fuhr gerade von Rimini nach Bologna, weil ich dort als Gast der Nachrichtensendung *TGcom24* eingeladen war. Das war kurz nachdem einige Polizisten aus den Reihen unserer Gewerkschaft von einer berüchtigten Fernsehsendung in die Falle gelockt worden waren. Die Polizisten hatten applaudiert, tatsächlich, aber nicht zugunsten der im Fall Federico Aldrovandi wegen Totschlags verurteilten Polizeibeamten.* Das Fernsehen verdrehte jedoch die Frage und es kam eine völlig mißbräuchlich instrumentalisierte Meldung dabei heraus, wegen der wir dann medial an den Pranger gestellt wurden. Salvini rief mich damals an und sagte mir: ›Herr Vorsitzender, guten Tag, ich bin Matteo Salvini. Ich weiß nicht, was tatsächlich vorgefallen ist, aber ich glaube die Meldungen nicht und deswegen stehe ich zu euch.‹ In seinen Aussagen lag eine unglaubliche Authentizität. Das fiel mir damals gleich auf und diese Echtheit erlebt man bei ihm auch heute noch, obwohl er Innenminister ist.

Seitdem ich auf der Welt bin, ist er der beste Innenminister, wenn es darum geht, die Macht dieses

---

* Der Student Federico Aldrovandi (*1987) kam bei einer Polizeikontrolle 2005 ums Leben. Die Eltern forderten Aufklärung, woraufhin es zu langjährigen Untersuchungen und zu landesweit Aufsehen erregenden Prozessen gegen vier Polizisten kam. Die Nachricht, einige Angehörige der mitte-rechts verorteten Polizeigewerkschaft *Sap* hätten die wegen Totschlages verurteilten Kollegen angeblich mit minutenlangem Applaus gefeiert, sorgte in ganz Italien für Schlagzeilen und Kontroversen.

Amtes darauf zu verwenden, wirklich zu entschlüsseln, was die innere Gemeinschaft unseres Landes ausmacht. Ich erinnere mich: Einmal, am Ende einer Demonstration, rief er mich an, um mir zu sagen, wie es gelaufen war, und ich geriet vor Aufregung regelrecht ins Stottern. An einem bestimmten Punkt drehte ich mich um und sah ihn, wie er mit ein paar Leuten bei einem Bier am Tisch saß und sich köstlich über mich amüsierte, im guten Sinne versteht sich. Ja, so ist er, eine anständige und einfache Person. Ob er irgendeine negative Seite hat? Ich sag's ihm immer wieder: Er vertraut allen, völlig vorbehaltlos.«

Auch der Sänger Toto Cotugno hat nur gute Worte für Salvini übrig. »Es gibt eine Persönlichkeit in der aktuellen Politik, die mir gefällt«, sagte er einem Journalisten des *Libero*, der ihn interviewte, » denn, wenn ich ihn sprechen höre, weiß ich, er ist ein Mann mit Eiern.«

Ein anderer Sänger, Antonello Venditti, fand in einem Interview, das er im März 2019 der *Vanity Fair* gab, lobende Worte: »Er spricht in der Sprache der Zeit, in der er lebt. Der wesentliche Unterschied zwischen der Rechten und der Linken im Jahr 2019 ist vor allem semantischer Natur. Heutzutage mußt du die Sprache unserer Zeit sprechen. Es wäre interessant, einen jungen Mann oder eine Frau auf der politischen Linken zu finden, die die Fähigkeit besitzt, so mit den anderen zu kommunizieren, wie es Salvini kann. Beim Thema Einwanderung können wir wohl mit Fug und Recht behaupten, daß die Politik von Marco Minniti* »rechter« war als die Politik von Salvini. Also,

---

* Marco Minniti (* 1956), Politiker der Partito Democratico, 2016–2018 Salvinis Vorgänger als Innenminister, der bereits mit Libyen zusammenarbeitete, um eine Reduzierung der Migrantenzahlen zu erreichen und dabei Erfolge erzielte.

was ist der Unterschied? Die Sprache. Warum Minniti nicht vom Volk, ja nicht einmal aus dem Kreise seiner Ministerkollegen gewählt wurde? Weil er ein Fremdkörper war, in einem Fremdkörper unseres Landes, wie es heute der Partito Democratico ist. Er verkörperte keine Idee. Er war unorganisch in einer bereits in sich selbst unorganischen Sache, während Salvini in allem, was er sagt organisch ist.« Und weiter: »Er verwandelt sich. Er zieht die Jacke der Polizei an und wird zum Polizisten. Er hat eine phänomenale Fähigkeit, sich einzufühlen. Er ist glaubwürdig. Und die anderen greifen ihn auf einer falschen Ebene an, etwa wegen dieser Diciotti-Geschichte. Die Leute sehen aber doch die Resultate; selbst für die Europäische Union, die uns sogar wiederholt angegriffen hat, ist der Fall Diciotti abgeschlossen. Salvini hat im Namen der höheren nationalen Interessen gehandelt, das haben alle verstanden. Ganz Europa hat das verstanden. Nur in Italien kommt irgendeine Staatsanwaltschaft an und verschickt Ermittlungsbescheide. In dieser Verwirrung aus Sprache und Macht verpuffen einfach die Argumente derer, die sich über solche offenkundigen Unrechtmäßigkeiten echauffieren, sie sind schwach, schlecht und nutzlos. Du willst eine Bundesregierung durch ein paar staatsanwaltschaftliche Briefchen zu Fall bringen? Wo denkst du hin?«

Achille Totaro, Abgeordneter der Partei Fratelli d'Italia, hat keinen Zweifel daran, daß Salvini weiß, was er macht: Die Zahlen sprechen für sich. »Er hat eine Partei übernommen, die bei 4 % lag. Jetzt liegt sie bei über 30 %. Also ist er gewiß eine politische Persönlichkeit, der es gelingt, Zustimmung zu generieren und die eine Arbeit zu machen weiß, die nicht zuletzt darin besteht, Wertschätzung dafür zu erlangen, daß er die Lebensumstände der Leute verbessert, die ihm ihr Vertrauen schenken ... Dieser Regierungswechsel war richtig, nicht zuletzt, um die Einwanderung einzudämmen, ein Thema, das ihm ja besonders am Herzen liegt. Und mit Sicherheit ist er schon dabei, im Rahmen seiner Möglichkeiten als Regierungsmitglied, einen Weg zu finden, um diesbezüglich den Worten auch Taten folgen zu lassen, denn es handelt sich ja letztlich schlicht um das Thema, das das politische Kerngeschäft seiner Tätigkeit ausmacht. Dasselbe gilt für die innere Sicherheit, die ja ebenfalls vielen Menschen sehr am Herzen liegt.«

Vorzüge und Schwächen des Ministers? »Er hat einen starken Zugang zu den Menschen, wenn er auf der Straße oder auf Demonstrationen ist, und die Leute sehen in ihm den *leader*, da er oft Dinge sagt, die die Leute hören wollen. Und dann hat er diese menschliche Wärme, so daß man wirklich das Gefühl hat, daß jeder glücklich ist, in seiner Nähe sein zu können, wenn er sich unters Volk mischt. Der Fehler ist, daß er es manchmal damit übertreibt, sich in den sozialen Medien auszulassen. Das sehen viele so. Doch ist er so, wie er sich zeigt, auch im Alltag. Kurz und gut, er verändert im echten Leben nicht sein Gesicht.«

Totaro fährt fort, es sei Salvini »schon manchmal passiert, sich zu sehr den sozialen Medien anvertraut zu haben, wobei er noch über das hinausging, wovon er glaubte, daß es die Leute aufrütteln würde. Auf der anderen Seite ist das die neue Politik, undenkbar noch vor zehn Jahren.« Zum Koalitionsvertrag stellt er klar: »Es ist offensichtlich, daß es in der Regierung Probleme zwischen den beiden Vertragspartnern gibt. Das Problem ist, daß die Fünf-Sterne innerhalb des Centrodestra, wie man es auf der lokalen Ebene kennt, quasi nicht existent sind, daher wird die Lega dieses Bündnis notgedrungen aufrechterhalten. Außerdem ist es tatsächlich so, daß das alte Centrodestra auf nationaler Ebene bei vielen Themen sehr verschiedener Ansichten ist. Ein Beispiel? Wir haben einige Ex-Minister von Forza Italia erlebt, die persönlich Schiffe mit sogenannten Flüchtlingen – die letztendlich illegale Einwanderer waren – bestiegen haben, um sich mit diesen solidarisch zu zeigen. Unter diesen Umständen sind im alten Centrodestra natürlich nicht alle einverstanden mit der Politik der derzeitigen Regierung, mit ihrer Politik der Souveränität, ihrem Kampf gegen das Europa der Bürokraten und gewissen politischen Positionen, die einige EU-Enthusiasten nun gegen Italien vorbringen. Es genügt etwa, sich dahingehend die Positionen Antonio Tajanis* anzuschauen, die in diesen Politikbereichen völlig von denen Salvinis abweichen. Und die Unterschiede sind mannigfaltig. Man kann daher sagen, daß wir uns in einer politischen Situation befinden, in der es primär auf ständige Mehrheitsfindungen ankommt und in dem die meisten Mandate nach Proporzwahlrecht und weniger nach Mehrheitswahlrecht verteilt werden. Anschaulich wird das etwa auch bezüglich der Debatten um die Einführung verkürzter Strafverfahren sowie um die Reform in Sachen Strafvollstreckung, bei denen Forza Italia jeweils mit Enthaltung stimmte. Die Verbindung der beiden

---

* Antonio Tajani (*1953), italienischer Politiker der Forza Italia, 2017–2019 Präsident des Europäischen Parlaments.

Parteien hält jedoch nicht zuletzt aus dem Grund, daß auf kommunaler Ebene zahlreiche Koalitionen zwischen Lega und Centrodestra bestehen.«

Der Ökonom Claudio Borghi, heute Mitglied der Abgeordnetenkammer und dort wirtschaftspolitischer Sprecher der Lega, erinnert sich an sein erstes Treffen mit Salvini: »Im Juli 2013 rief er mich eines Abends an. Es war schon nach ein Uhr nachts und er fragte mich, ob er störe. Ich antwortete ihm, daß ich ohnehin wenig schlafe und daß es kein Problem sei. Er gab mir einen Termin für den folgenden Tag, ich sollte ihm einige Dinge erläutern, die er zum Thema Geld, zum Euro und zu Europa gelesen hatte, die aus meiner Feder stammten. Am nächsten Morgen trafen wir uns, und ich begriff sofort, daß ich mit einer Person sprach, die den Willen hatte, die Dinge wirklich zu verstehen, im Gegensatz zu all den Politikern, die ich bis dato getroffen hatte und die dir üblicherweise immer bloß ihre eigene Sicht der Dinge erklären wollen.«

Borghi beschreibt den Minister als »eine Person, die die seltene Fähigkeit besitzt, mit den Leuten in Einklang zu sein, die es aber auch vermag, hochkomplexe Sachverhalte, über die sich viele Leute wirklich lange den Kopf zerbrechen, in einer Weise zu verarbeiten und zu kommunizieren, daß sie für alle plötzlich absolut verständlich sind. Um es zu veranschaulichen«, fährt er fort, »ich war schon *ghostwriter* für viele Personen, auch in einem Unternehmen, in dem ich stellvertretender Geschäftsführer war und für den Unternehmensleiter die Reden schrieb. Da ärgerte ich mich jedes Mal, weil derjenige, der meine Rede dann vortrug, es immer schlechter machte, als hätte ich einfach selbst gesprochen. Ich schrieb die Rede, der Redner trug sie vor und ich ärgerte mich. Bei Matteo ist das ganz anders. Teilweise erkläre ich ihm etwas bloß zwischen Tür und Angel und er trifft dann trotzdem den Nagel auf den Kopf und hält die Rede viel besser, als ich es je gekonnt hätte. Das beeindruckt mich einfach jedes Mal, denn wenn einer das draufhat, diese Themen besser rüberzubringen, als ich selbst, dann heißt das, daß er wirklich irgendwas an sich hat, das ich nicht habe.«

Vor- und Nachteile des Mannes, der allein an der Spitze der stärksten Partei des Landes steht? »Salvini ist ein Politiker reinsten Wassers«, fährt Borghi fort. »Wenn du als Volksvertreter verstehst, was das Volk will, hast du schon drei Viertel deiner Arbeit geleistet, und wenn es dir dann auch noch gelingt, kompetentes Personal an deiner Seite zu haben, mit dem du all das umsetzen kannst, dann wird alles möglich.« Etwas Kritik? »Meiner Meinung nach«, gibt er zu, »ist er als Heerführer ein bißchen wie Alexander der Große. Er steuert immer auf das nächste Gefecht zu. Doch manchmal täte es auch Not, innezuhalten, um das zu festigen, was man bereits erobert hat.« Und, lachend, scherzt er dann: »Meiner Meinung nach hält er zu wenige Vorstandssitzungen ab.«

Von Borghi zu Andrea Crippa, Bundesvorsitzender der Lega Giovani, der Jugendorganisation der Partei. »Als ich Matteo kennenlernte, war ich 16 Jahre alt und Mitglied der Schulpflegschaft meiner Schule. Wir tauschten unsere Telefonnummern aus. Damals begann eine lange Freundschaft und wir schlugen zusammen viele Schlachten, zuerst im Gemeinderat und dann auf immer höheren Ebenen. Matteo hat sich nie verändert, er ist stets die ehrliche, treue und saubere Person geblieben, die er war. Persönlich denke ich, daß er ein außergewöhnlicher Mann ist.« Und als Politiker? Crippa gibt zu: »Es gelingt ihm immer, das zu verstehen, was die Leute wollen und er versteht es, immer auf dem Laufenden zu sein. Er braucht nur halb so viel Zeit wie andere, um Konzepte zu verstehen und auszuarbeiten.« Das haben mir alle Interviewpartner bestätigt: Salvini hat einen flexiblen Verstand und ist in der Lage, die Dinge wirklich für jedermann herunterzubrechen und verständlich zu machen. Und das zeigt er auch in der Art, wie er als Innenminister agiert. Crippa fügt noch eine Anekdote an: »Ich erinnere mich,« sagt er, »als wir vor einigen Jahren nach Indien fuhren und beim Besuch eines buddhistischen Tempels auf dem Boden das Blut der geopferten Tiere sahen. Mich beeindruckte es sehr, über diesen Boden zu gehen. Matteo machte kein großes Aufheben darum, obwohl es wirklich einen starken Eindruck machte. Er paßt sich jeder Situation an, er hat stets Respekt für Kulturen und Traditionen. Und hat er einen ganz enormen Vorzug: seine Treue. Einen Fehler? Wenn ich wirklich einen nennen muß, dann den, daß er zu gut ist.«

WAS DENKEN DIE
HATER?

Das Wort Haß hat mir noch nie gefallen, es hat den Geschmack des Schlechten, des Bösartigen, der Niedertracht, etwas, das dich tief im Innern zerfrißt. Aber ich komme nicht daran vorbei, es dennoch zu benutzen. Wer im Netz oder in den Medien jemanden angreift, wird nunmehr *hater* genannt, ein bei den Engländern abgeschauter Begriff für notorische Haßtrolle. Und *hater* hat Matteo Salvini wahrlich so einige. Mehr oder weniger bekannte Leute, die aus den unterschiedlichsten Gründen auf ihn losgehen. Meist wegen seiner Anti-Einwanderungspolitik sowie seiner dezidiert pro-italienischen Haltung, aber viele auch, weil sie in ihm einen Nostalgiker des untergegangenen Faschismus sehen. Na also, kein Wunder, daß an Schimpfwörtern nicht gespart wird, Beleidigungen *en masse* abgefeuert werden und die Leute raunen, Gegendruck aufbauen und zurückschießen. Aber auch Salvini schießt zurück, meist ohne zweimal nachzudenken. Aus dem Stehgreif, geleitet von Instinkt und Gerechtigkeitssinn. Ich erinnere mich, daß ich einmal von dem Rapper Fedez beschimpft wurde, der mich als »Giornalaia« – Zeitungsmädchen – bezeichnete, weil ihm ein Artikel über ihn nicht gefiel, den ich für die Zeitung *Libero* geschrieben hatte. Matteo schaute sich an, was vorgefallen war und postete zwei Minuten später auf seiner Seite seine persönliche Verteidigung für die Verfasserin dieser Zeilen: »Tolles Konzert von Fedez am Sonntagabend in Viareggio, gute zehn Lieder in zwanzig Minuten, Eintrittspreis 35 Euro. Und als er den großen Andrang und die stinkwütende Menge sah, da schloß er sich erstmal ein paar Stunden im Bad ein und wartete, daß sich die Situation beruhige, wie sein Pressebüro mitteilen ließ. Eine Umarmung für Chiara Giannini, die darüber im *Libero* berichtet hat. Und eine Umarmung für Fedez, den unerschrockenen Künstler.«

Und dann ging es los. Der Rapper, der schon mehr als einmal mit dem Lega-Chef aneinandergeraten war, antwortete direkt auf Facebook und Twitter. Auch sein treuer Freund, der in Italien bekannte Musiker J-Ax, sprang ihm zur Seite und stürzte sich ebenfalls auf Salvini und meine Wenigkeit.

Die Äußerungen von Fedez, eigentlich Federico Leonardo Lucia, über Matteo Salvini gehen mittlerweile in die Dutzende. Doch ist man von den einstigen Kämpfen nun zu einer gewissen Wertschätzung der gegenwärtigen Regierungspolitik übergegangen, vermutlich dank des Koalitionsvertrags zwischen der Lega und der Fünf-Sterne Bewegung, für die der Rapper Fedez immer schon gewisse Sympathien übrig hatte, aus denen er auch nie einen Hehl gemacht hat.

Im Januar 2019 erklärte Fedez gegenüber der Zeitschrift *Vanity Fair*: »Man kann mit ihm mehr oder weniger einverstanden sein, mit dem Schließen der Häfen und so, ich bin es nicht. Aber ich akzeptiere die Demokratie und erkenne an, daß man sich nicht mehr mit ihm anlegen sollte, weil er von den Italienern im vollen Bewußtsein gewählt worden ist und genau das macht, was er versprochen hatte.«

Und angesprochen auf Roberto Saviano, der Salvini den »Minister der Unterwelt« nennt, führte Fedez aus: »Da muß ich echt lachen, denn ich habe Vittorio

Arrigoni* nicht vergessen, der wirklich vor Ort seinen Mann gestanden hat und das nicht bloß in den Salons, der gezeichnet war von Folter und Fronterfahrung. Er wurde 2011 in Gaza umgebracht, einige Monate, nachdem er eben jenen Saviano per Videobotschaft eingeladen hatte, selbst einmal durch Tel Aviv zu gehen, bevor er über die dortige Lage drauflos redet. Arrigoni hat Saviano widersprochen, ja, und er, der es so liebt, sich stets als das moralische Gewissen unseres Landes aufzuspielen, hat kein Wort verloren, um seiner zu gedenken.«

Ganz andere Töne als jene, die Fedez noch im Mai 2016 anklingen ließ. In seinem damals neu veröffentlichten Song *Vorrei ma non posto* sang der Rapper noch folgendes: »Salvini hat auf seinem Blog einen Post geschrieben. Er sagt, wenn die Morgenstund' Gold im Mund hat, handelt es sich um einen Roma«, während er im Video dazu den Mittelfinger zeigt.

Salvini entgegnete auf Twitter: »Fedez widmet mir einen Mittelfinger und einen Vers seines neuen Liedes, das diesen Sommer auch Titelsong des Werbespots für das Cornetto von Algida ist (Marke des multinationalen Konzerns Unilever). Schön! Aber ich werde in diesem Sommer nur Cornetti von Sammontana, Sanson und Eis anderer italienischer Marken essen.«**

* Vittorio Arrigoni (1975-2011) war ein aus Italien stammender Reporter und pro-palästinensischer Aktivist, der 2011 von islamistischen Extremisten entführt und hingerichtet wurde.

** Besagtes Lied fungierte im Sommer 2016 als Song für einen Werbespot der Eismarke »Algida« (in Deutschland als »Langnese« bekannt) zur Bewerbung des Waffeleises »Cornetto«. Auch im eigentlichen Musikvideo essen die Darsteller dieses Eis gleich mehrfach, wobei die Marke stets deutlich erkennbar ist.

Ebenfalls auf Twitter kam prompt auch die Erwiderung des Sängers: »Benachrichtigt sofort die *New York Times*! Salvini schwört, daß er nur Eis von Sammontana ißt. Starke Erklärung!«

Auch J-Ax reihte sich ein, als er im *Corriere della Sera* im Dezember 2018 in Bezugnahme auf das Weihnachtsfest und seinen kleinen Sohn Nickolas erklärte: »Ich wünsche mir für ihn [seinen Sohn] eine Welt ohne Krieg und ohne Umweltverschmutzung. Und ohne Salvini.«

Auf Twitter schlug der Minister zurück: »An J-Ax einen großen doppelten Kuss!« Die Antwort folgte prompt: »Danke für die Küsse«, zwitscherte der Rapper, »aber ich würde bevorzugen, daß du die 49 Millionen Euro*, die die Lega den Italienern gestohlen hat, zurückerstattest. Küßchen, bestrichen mit Schokoladencreme.«

Unter den *hatern* Salvinis befindet sich auch Gino Strada, der Gründer der NGO Emergency, der den Lega-Chef am 11. Juni 2018 in der von Lucia Annunziata moderierten Fernseh-Talkshow *Mezz'ora in più* auf RAI 3 attackierte: »Ich bin siebzig Jahre alt und bin erschüttert. Ich hätte nie gedacht, in Italien einmal Rassisten oder Bullen als Innenminister zu sehen. Die Politik Minnitis sah vor, die Mörder zu bezahlen, damit sie sich untereinander umbringen, aber nicht bei uns zu Hause. Hier gibt es durchaus eine Kontinuität zu seinem Nachfolger Salvini. Sie haben keinerlei Respekt vor dem menschlichen Leben.« Letztlich ließ der Zorn in ihm sogar den

---

* Aufgrund eines im Jahre 2011 aufgedeckten Finanzskandals hatte der italienische Staat zwischenzeitlich rund 49 Millionen Euro aus dem Vermögen der Lega konfisziert.

Wunsch aufkommen, aus Italien auszuwandern: »Ich bin müde. Ich möchte weg aus Italien.«

Am 21. Januar 2019 erklärte er auf Radio Capital: »Wenn man von einer Bande regiert wird, bei der die eine Hälfte aus Faschisten besteht und die andere Hälfte aus Arschlöchern, dann gibt es für das Land keine große Perspektive.«

Am 25. Januar 2019 folgte eine weitere Bemerkung in der allabendlichen Talkrunde *Otto e Mezzo* auf La7 zum Fall des Schiffes Diciotti: »Gegen Salvini muß unbedingt gerichtlich vorgegangen werden. Ich hoffe, daß das geschehen wird, wobei ich glaube, daß Salvini nicht der einzige in Europa ist, dem aufgrund seiner Einwanderungspolitik der Prozeß zu machen ist. Hier wurde ein Verbrechen begangen! Ob es Salvini dann gelingen sollte, davonzukommen, wegen irgendeiner Immunität oder dem üblichen Getue, von wegen ›eine Krähe hackt der anderen kein Auge aus‹, wird man sehen.«

Weiter schimpfte er: »Sie machen immer weiter mit ihren substanzlosen Anschuldigungen. Salvini wird sich mit dem Staatsanwalt von Catania, Zuccaro, schon einigen. Was hat das ganze Theater um die NGOs gebracht? Gar nichts. Null. Gestern sagte Salvini, er habe Beweise dafür, daß die NGOs und die Schlepper gemeinsame Sache machen. Ja, dann auf den Tisch damit! Er redet von NGOs, das sind tausende von Initiativen. So möge er Namen nennen, Nachnamen, Zahlen, Fakten. Stattdessen immer nur Spekulationen und Verleumdungen, alles ohne jede Substanz.«

Am 3. Februar 2019 wurde Gino Strada von Massimo Gramellini in der TV-Sendung *Le parole della settima-*

na auf RAI3 interviewt, wo er seine Angriffe gegen den Minister fortführte: »Ich würde Salvini einladen, um eines unserer Krankenhäuser in Afghanistan, im Sudan, in Sierra Leone anzusehen, dann würde er verstehen, was es heißt, ›den Leuten in ihren eigenen Ländern zu helfen‹.«

Am 9. April 2019 schaltete er sich erneut via Radio Capital in die Diskussion um die Roma-Lager ein und meinte angesichts der Proteste gegen diese illegalen Wohnsiedlungen: »Das sind häßliche Signale, es ist ein beständiges Verbreiten von Haß, wie mit der Sprühdose. Salvini hat eine völlig faschistische und rassistische Logik, die er anbringt, wo er nur kann, und das ist besorgniserregend.«

Auch der Journalist Gad Lerner ist ein notorischer *hater* der Lega. Am 3. April 2015 heißt es auf seinem Blog: »Wir wollen einen aufrichtigen Dank an das Schwein richten, das im Roma-Lager in der Via della Chiesa Rossa in Mailand lebt und sich gegen Matteo Salvini aufgelehnt hat. Bewaffnet mit seinem Tablet hat der Vorsitzende der Lega Nord seine große Gemeinde in den sozialen Netzwerken in Alarmbereitschaft versetzt, weil in dem Mailänder Lager Tiere gehalten werden, und dann versuchte er, ein Selfie mit dem Schwein zu machen. Das Schwein, wohlerzogen, rebellierte gegen Salvinis Invasion und konnte sie erfolgreich abwehren. Probleme gab es durch den Angriff des Tieres keine, nur ein paar Lacher seitens der anwesenden Zuschauer. Gut so, wenigstens ist Italien nun ein Selfie von Salvini mit einem Schwein erspart geblieben, das Dank der Popularität des Lega-Frontmanns wahrscheinlich sofort viral gegangen wäre.«

Am 6. Januar 2016 legte er über Twitter nach: »Eine Wasserstoffbombe explodiert in Nordkorea und verursacht ein Erdbeben. Schade, daß Salvini sich nicht in seiner Wahlheimat befand.«

Wenige Tage später, genauer gesagt am 2. Februar desselben Jahres, setzt Lerner auf seinem Blog noch einen drauf: »Die Zusammenarbeit zwischen CasaPound und Matteo Salvini – vielleicht die schlimmste Aktion des Lega-Chefs.«

Am 19. Februar 2016 schießt er noch einmal nach: »Matteo Salvini hat einen Marsch der ›Befreiung‹ von Renzi und von seinem diktatorischen Regime angekündigt, anläßlich des 25. April. Eine sicherlich dumme Provokation, beleidigend noch dazu. Der 25. April ist ein sehr bedeutender Gedenktag, der durch eine solche politische Instrumentalisierung entstellt würde. Die Lega bewegt sich gegenwärtig stark nach rechts, aber Salvini sollte sich daran erinnern, als Umberto Bossi sich am 25. April 1994 in Mailand in die Demonstration einreihte, um den antifaschistischen Ursprung der Lega zu betonen. Man verlangt ja nicht viel von Politikern, die bei CasaPound auf Stimmenfang gehen und Unterstützer suchen, aber etwas Respekt vor dem 25. April, das wäre das mindeste, was man von jemandem erwarten könnte, der Ambitionen auf das Amt des Ministerpräsidenten hegt.«

Und dann kommt es am 23. März in der Politsendung *Ballarò* zu einem direkten Schlagabtausch zwischen Salvini und Gad Lerner, der ihn beschuldigte, sich in der »Opferrolle« zu suhlen. Salvini wurde damals live aus Brüssel zugeschaltet, wo es am Tag zuvor zu mehreren Bombenanschlägen gekommen war. »Es gibt Leute«, sagte Lerner, »die ihren Mut nicht im Fernsehen beweisen, sondern eher im belagerten Kobane, an der Seite der Bevölkerung, die dort gegen ISIS kämpft. Und mir scheint, diese Leute dort tragen keine grünen Hemden.«

Prompt kam die Erwiderung Salvinis: »Gad Lerner zählt weniger als null, wenn Sie mich fragen.«

Am 13. Juli 2018 nahm sich Lerner Salvini erneut vor und zeigte, daß dieser fast zu seiner Obsession geworden ist: »In seiner Selbstdarstellung als Komiker und seiner ständigen Herabwürdigung der Lebensleistung anderer steckt der erfolgreiche Trick des Lega-Faschismus, der durch unsere Leichtgläubigkeit noch weiter gemästet wird.« Am 19. Dezember 2018 setzt der Journalist in der Radiosendung *Un giorna da pecora* auf RAI Radio 1 seine Angriffe gegen den jetzigen Vizepremier fort: »Die menschliche Seite Salvinis? Ich würde eher von seiner unmenschlichen Seite sprechen. Einer, der ankommt, um den ganz Witzigen zu geben, der die Migranten auf der Diciotti mit dummen Witzen, mit Hohn und Spott überhäuft, indem er sagt, sie seien alle so schön, so gebräunt und durchtrainiert und das Schiff sei sowieso ein Kreuzfahrtschiff … So jemand ist menschliche Scheiße, um mal eine weniger politisch korrekte Sprache zu gebrauchen.«

Am 6. März 2019 twitterte Lerner: »Eigenartig, unser sonst so gesprächiger Minister in Uniform hat sich noch gar nicht zur Festnahme der mutmaßlichen Täter geäußert, die das Mädchen im Aufzug des Bahnhofs der Circumvesuviana-Regionalbahn vergewaltigt haben sollen. Ups, entschuldigt! Es handelt sich ja um Italiener, das war mir völlig entgangen!«

In der TV-Show *Piazza pulita* auf La7 legte er im März 2019 gleich nach: »Salvini hat mich als Kommunisten mit Rolex bezeichnet! Er hat mich ins Visier genommen ... Vielleicht weil ich einen fremden Namen habe. Es ist einfach falsch zu glauben, man würde sich nicht um die Italiener kümmern, nur weil einem auch die Ausländer nicht egal sind.«

Der Hauptankläger des Innenministers ist jedoch ein anderer. Es ist der Schriftsteller Roberto Saviano, der mittlerweile in jeder seiner Verlautbarungen heraushören läßt, daß Salvini für ihn ein regelrechter Erzfeind geworden zu sein scheint. Seine ständigen und nicht selten äußerst scharfen Angriffe auf den Minister führt er dabei zumeist auf seiner Facebook-Seite oder über Twitter.

Sein Kampf gegen Matteo Salvini beginnt am 5. August 2015 in der Sendung *Parallelo Italia* auf Rai3: »Ich empfinde die Entscheidung der Lega, auch um Wählerstimmen im Süden zu werben, als eine riesige Heuchelei ... Die Politik braucht den Süden, denn hier ist es nicht schwer, Tausende und Abertausende Stimmen in wenigen Stunden aufzutreiben. Im Süden kauft man sich die Stimme für 25 Euro, für einen Tankgutschein. Ich weiß nicht, womit sich Salvini da seine Stimmen besorgen wird, jetzt, wo er den Süden braucht, aber ich empfinde diese Entscheidung als eine maßlose Heuchelei.«

Am 16. August 2016 schreibt Saviano auf seinem Facebook-Profil: »Italienische Politiker in Uniform zu sehen, bringt einen immer zum Lachen. Sie wirken wie Kinder, die sich zu Karneval als Zorro verkleiden. Dieses Mal ist es Salvini, der sich als Zorro versucht, indem er sich ein Polizeihemd mit Schulterklappen anzieht. Eine solche Tracht anzuziehen, obwohl man überhaupt kein Polizist ist, stellt eigentlich eine Straftat dar. Abgesehen davon verspricht er ›freie Hand für Polizei und Carabinieri‹. ›Freie Hand‹ deutet jedoch an, daß es zukünftig wohl in Ordnung wäre, es als Polizist auch mal nicht ganz so genau zu nehmen, daß es ein Recht auf Folter und zur Rechtfertigung jeden Mißbrauchs und jeder Gewalt gäbe. Jeder ehrliche Polizist müßte sich schämen für solche Andeutungen. Der verzweifelte Salvini spielt auf der Suche nach Stimmen noch mit den niedrigsten Instinkten und stöbert in den letzten Gefilden der Ignoranz, wo man glaubt, ein gewalttätiger Polizist wäre ganz besonders in der Lage, die Ordnung aufrechtzuerhalten und Gerechtigkeit herzustellen. Nichts könnte naiver und falscher sein. Gewalttätige Polizisten erzeugen Korruption und Chaos und verbauen jeden Weg hin zu tatsächlicher Gerechtigkeit.«

Ebenfalls in den sozialen Medien, diesmal am 1. Februar 2017, äußerte er folgenden Gedanken: »Laut Istat gibt es 652.000 Frauen, die eine Vergewaltigung erlitten haben, und 746.000 Opfer von Vergewaltigungsversuchen. Was machen wir, Matteo Salvini, kastrieren wir insgesamt 1.398.000 Vergewaltiger? Und die Italiener unter ihnen, wohin schicken wir sie nach der Kastration? Was wird in solchen Fällen die Behandlung sein? Das Gefängnis, Matteo Salvini, reicht das denn? Machen wir ihnen überhaupt noch den Prozess oder gehen wir direkt zur chemischen Kastration über? Sollen wir zum Talionsprinzip zurückkehren, oder wie? Ist es das, was die rassistische Haßkampagne vorsieht, die Sie zusammen mit Ihrer Partei seit jeher betreiben? Wissen Sie überhaupt, Matteo Salvini, daß der überwiegende Teil der Frauen in unserem Land, die Opfer von physischer Gewalt und Vergewaltigungen werden, ausländische Frauen sind? Und wissen Sie, daß die meisten dieser Frauen dabei Opfer von italienischen Gewalttätern sind? Wie kann man nur derartigen Haß säen, in solch einer schwierigen Zeit wie der unsrigen? Heute gilt es mehr als je zuvor, die Ruhe zu bewahren. Diesen rassistischen Haß zu bekämpfen, ist eine Pflicht. Sie sind unverantwortlich, Salvini, und ich verachte Sie.«

Da ist sie, die Verachtung, die Salvini permanent Magenschmerzen bereitet. Fast jede seiner Äußerungen zieht eine Antwort Savianos nach sich, der auf alles zu reagieren scheint, was der Minister von sich gibt. Aber ist es vielleicht so, daß er ihn gar bewundert, irgendwo, in seinem tiefsten Inneren, wie sich viele fragen? Würde man diese Frage anhand seines Postings vom 5. August 2017 beantworten müssen, wäre die Antwort wohl eher negativ: »Salvini posted #barconepersaviano [#SchifffürSaviano]. Doch mit diesen geschmacklosen Witzen, mit denen er nur die rassistischen Kanaillen aufhetzt, von denen er sich Stimmen und billigen Applaus verspricht, macht er nichts anderes, als mir Recht zu geben. Seine Posts sind lächerlich und abartig. Salvini hat nicht einmal die entfernteste Ahnung davon, was diese Flüchtlingstragödie eigentlich bedeutet. Ich bin stolz darauf, meine Stimme dazu zu nutzen, sie denen zu leihen, die Leben retten, trotz aller populistischen Anschuldigungen von Leuten wie ihm.« Ja, der Worte werden viele gewechselt.

Anbei eine kurze Zusammenstellung einiger Posts und Tweets, die der Schriftsteller Saviano gegen seinen

Lieblingsbösewicht so in die Welt setzt. 21. Juni 2018 – offizielles Facebook-Profil: »Die Worte wiegen schwer. Und die Worte des Ministers der Unterwelt, der in Rosarno (Kalabrien) mit den Stimmen derer gewählt wird, die durch die 'Ndrangheta sterben, sind die Worte eines Mafioso. Die Mafia will einschüchtern, Salvini will einschüchtern.«

Juli 2018, offizielles Facebook-Profil: »Mörder! Der Minister der Unterwelt, über die Toten im Mittelmeer verbreitet er Lügen und Beleidigungen, ach, wie mutig! Gestehen Sie lieber: Wie gefallen Ihnen all diese Toten, getötet durch die Hand der lybischen Küstenwache, Ihrem (›unserem‹ zu sagen bereitete mir Ekel) strategischen Verbündeten? Sie, der Sie immer wieder betonen, doch auch Vater zu sein, wieviel Wut empfinden Sie – als ›Papa‹ – angesichts all der unschuldigen toten Kinder im Meer? Minister der Unterwelt, der Haß, den Sie ausstreuen, wird Sie hinfortreißen. So, wie er bereits die Feiglinge der Fünf-Sterne zerreißt. Darunter den unsäglichen Danilo Toninelli, den treuen Gefährten Salvinis in dieser düsteren und trostlosen Feier des Todes der Letzten dieser Erde.«

Der Beiname »Minister der Unterwelt« sei hier hervorgehoben, weil der Vizepremier Saviano für diese Bezeichnung tatsächlich verklagt hat. Als der Präsident des Abgeordnetenhauses Roberto Fico behauptete, diese Klage sei ein Fehler, antwortete Salvini: »Ich mag viele Fehler haben und man kann alles zu mir sagen, aber ich erlaube niemandem, mich einen Verbrecher zu nennen. Ich frage mich, wie Fico reagiert hätte, wenn man ihn so bezeichnet hätte.«

September 2018 – erneut offizielles Facebook-Profil Robert Savianos: »Wenn sie aufbrechen, wollt ihr sie nicht. Wenn sie ankommen, wollt ihr sie nicht. Wenn sie durchreisen, wollt ihr sie auch nicht. Nicht einmal, wenn sie abhauen, wollt ihr sie. All das, während das Land darauf wartet, daß diese Banditenpartei, die der Minister der Unterwelt derzeit anführt, 49 Millionen Euro zurückzahlt.«

November 2018 – offizielles Facebook-Profil: »Ich entschuldige mich beim Minister der Unterwelt, weil mir vor ein paar Tagen ein Post entgangen ist (in dem Salvini Saviano dafür dankt, die beste Werbung für das Sicherheitsdekret zu sein). Man hat mich erst gestern darauf hingewiesen. Ich will die Gelegenheit nutzen, um ihm gratis einen Rat zu erteilen, gratis für ihn und gratis für euch, die ihr – vermutlich ohne es zu wissen – seine ›genialen‹ Webberater bezahlt. Versuch es doch mal mit einem eigenen politischen Leben. Zeig uns, wie viel du ohne chemische Kastration und die Untergriffigkeiten wert bist…, denn der Eindruck ist der, daß du wenig taugst, sehr wenig, so wie ein lästiger Schädling.«

28. Januar 2019 – auf Fanpage.it: »Viele Polizisten denken, daß das Überziehen einer Uniform ein Zeichen der Nähe sei, aber das ist es nicht. Es ist Mißbrauch, ein Attentat auf die Demokratie, weil Salvini sich damit die Institution aneignet, als wolle er allen sagen ›Ich bin die Polizei‹… Man sollte nicht in die Falle tappen, zu glauben, daß es ein Zeichen der Solidarität sei, es ist vielmehr eins der Einschüchterung… Es ist unbedingt notwendig, daß die höchsten Autoritäten dieses Landes dagegen vorge-

hen, denn die Demokratie ist in Gefahr. Sagt uns Salvini damit, daß der Chef der Polizei nichts zählt? Formt er die Polizei zu seiner politischen Truppe um?«

11. Januar 2019 – auf Repubblica.it erscheinen die folgenden Aussagen: »Salvini in Polizeiuniform? Es ist ein Mißbrauch, eine Gefahr für die Demokratie. In der Demokratie leben die Ordnungskräfte von jenem sensiblen Gleichgewicht, von der Äquidistanz zu allen politischen Parteien und Richtungen. Im Gegensatz dazu tragen in der Diktatur die Tyrannen immer Uniform, was keine banale Theatralik der Macht ist, sondern notwendig, um damit eine präzise Botschaft auszusenden: Die Armee hört auf mich und auf niemand anderen... Fidel Castro hat bei öffentlichen Auftritten über Jahrzehnte eine Uniform getragen. Die dahinterstehende Logik war in allen Ländern des realen Sozialismus die gleiche: Die Armee ist das Volk, ich bin der Chef der Armee, ich bin der Führer des Volkes .... Gaddafi hatte eine Militäruniform an, damit klar war, daß seine Rolle prinzipiell eine militärische war, eine militärische Machtposition, mit Waffen genommen und mit Waffen verteidigt ... Mussolini legte den bürgerlichen Anzug ab und begann Fez und Uniform zu tragen, als er entschied, daß Staat und Faschismus eins sein müßten, woraus folgte, daß jeder, der ihn kritisierte, außerhalb der Legalität stand ... In Jalta, beim Treffen der ›Großen Drei‹ (Roosevelt, Stalin und Churchill) entschied sich Stalin dafür, die Uniform eines Generalissimus der Roten Armee aufzutragen. Ein Titel, den er sich selbst zugelegt hatte.«

Von den Schriftstellern nun zu den Fotografen. Ein anderer *hater* Matteo Salvinis ist ganz sicher Oliviero

Toscani. Mittlerweile dürfte er für seine Angriffe gegen die Lega berühmter sein, als er es durch seine Werbefotos für Benetton wurde.

Am 16. Dezember 2014 sagte Toscani bei *La Zanzara* auf Radio 24: »Salvini? Der Ärmste, er hat offenbar nichts zu tun. Auf dem Foto sieht er aus wie ein Schweinchen unter einer Daunendecke. Einer, der verkündet, aus der EU austreten zu wollen, und sich dann so fotografieren läßt.« – »Diese halbnackten Fotos sind dermaßen Scheiße. Die können nur Lega-Anhängern gefallen, die sind ja auch nicht gerade für ihren guten Geschmack bekannt«. – »Für die Fotos«, sagt Toscani, »hätte man einen Platz in Padanien auswählen sollen, mit Grau und Nebel, bei Morgengrauen, mit viel mehr Emotionen. Stattdessen liegt er dort auf dem Bett, wie ein Vollidiot, nicht einmal wie eine Provinznutte, eher wie ein billiger Schwanzlutscher.« Toscani bezieht sich auf jene Fotos, die in der Wochenzeitung *Oggi* erschienen sind, auf denen der Vizepremier sich mit freiem Oberkörper und einer grünen Krawatte um den Hals ablichten ließ. Toscani fährt fort: »Salvini gibt Blowjobs, wunderbar für ihn. Aber wem? Salvini lutscht die Hoden von jedem Idioten. Er verarscht den, der ihn wählt. Es ist der größte Witz, den er über sich selbst je gemacht hat. So einer ist völlig unglaubwürdig.« Und weiter: »Wenn ich die Lega wählen würde und dann so einen Anführer hätte, würde ich sagen: ›Geh scheißen mit diesem Foto.‹ Wenn die Jugendlichen heutzutage so drauf sind, dann ist es eine Katastrophe. Die Jugendlichen müßten es ablehnen, einen wie ihn in ihren Reihen zu haben. Mit vierzig Jahren kannst du dich doch nicht so aufführen.«

Am 4. September 2015, ebenfalls bei *La Zanzara* auf Radio 24: »Nein, denn sie haben nichts verstanden. Sie sind schlimmer als die Faschisten und die Nazis, denn die hatten wir schon und sie haben nicht daraus gelernt. Und es gibt noch ein größeres Problem, nämlich das Verbrechen gegen die Menschlichkeit. Wenn sich Europa vereint, werden sie Salvini den Prozeß machen und ihn für vierzig Jahre einsperren.« Und weiter: »Ich glaube nicht, daß Salvini Faschist ist. Es ist schlimmer. Er hat sogar die Beschränktheit des Faschismus noch übertroffen. Brauchen wir eine bewaffnete Revolte? Tatsächlich werden die Leute mit gesundem Menschenverstand es bald verstehen. Müßte man es machen, wie einst die Partisanen? Seit die Italiener zu bescheidenem Reichtum gekommen sind – nicht einmal wirklich reich, denn wir haben einen Bärenhunger – haben sie ihre Würde verloren. Salvini ist ein Beispiel für den Verlust der Würde des italienischen Volkes. Er hat wirklich diese unterirdische, arschlochmäßige Vulgarität an sich. Er steht für das Schlechteste in Italien, das sich dank dieser rassistischen Agenda in genau dieses Schlechte verwandelt. All jene sind einfach impotente Leute, die Angst haben. Kulturell impotent. Nicht zufällig. Es ist kein Zufall, daß die italienischen Rechten die ignorantesten Leute in ganz Europa sind. Voller Ignoranz und fürchterlich vulgär.«

Am 8. August 2018 gab Toscani der Tageszeitung *Libero* ein Interview. »Schauen Sie«, entgegnete er der Journalistin, »wir haben diesen Schwachkopf Salvini. Ich habe einige Klagen seinetwegen laufen und bin da sehr stolz drauf, ich will verurteilt werden. Ich hatte den Mut zu sagen, daß Salvini ein *testa di cazzo* ist, ein so großer

Schwanzkopf, wie kaum ein anderer. Schaut's euch an, was bei Made in Italy herauskommt: Salvini.«

29. August 2018 – *Corriere della Sera*: Toscani fotografiert Luigi Di Maio für das Titelblatt von *Forbes*. »Es ist amüsant«, liest man, »er ist der erste Neapolitaner, der sich von einem Mailänder hat reinlegen lassen.« – »Zum anderen liegt mir daran, zu erinnern, daß ich einer der Ersten war, der sagte, daß Salvini eine Katastrophe werden würde. Er hat mich verklagt und der Prozeß läuft noch.« – »Mein Vater hat Mussolini auf dem Piazzale Loreto fotografiert, wer weiß, wo ich Salvini fotografieren werde.«

Aussagen, die jenen Teil Italiens in Wut geraten lassen, der die Lega wählt und der dann in den sozialen Medien über Toscani herfiel.

20. September 2018, auf Radio Radicale, dem Parteisender der links-libertären »Radikalen Partei« kommentiert Toscani das Cover der *Times*, die Matteo Salvini porträtiert hatte. »Es ist ein journalistischer Fehler«, stellt er klar, »zu sagen, daß dies das neue Gesicht Europas sei. Journalistisch eine Riesendummheit, ein großer Betrug. Gleichzeitig find ich's aber gut, daß sie ihn mit einem solchen Gesichtsausdruck abgedruckt haben. Er schaut aus wie ein Werwolf. Ein Vergewaltiger macht exakt so ein Gesicht, wenn er sich von seinem Opfer löst. Schauen Sie nur, was für eine sadistische Selbstgefälligkeit, mir blieb da die Spucke weg.« Am 24. Januar 2019 setzte Toscani auf Radio Capitale noch einen drauf, ungeachtet des Risikos neuer Klagen: »Matteo Salvini zieht diese Uniformen an. Er hat Komplexe wie ein Transvestit. Er verkleidet sich, um in eine Rolle hineinzuschlüpfen, die er nie ausfüllen

könnte. Mehr Schein als Sein, das ist ihm am wichtigsten. Für ihn ist jeden Tag Karneval.« Und dann: »Er küßt alle. Ich hab mir die Hosen heruntergezogen und er hat ihn mir geküßt.« Und weiter: »Bestimmte Politiker äußern pornographische Dinge. Wenn ich ihn beleidige, ist das nichts im Vergleich zu der pornographischen Ästhetik, in der einige unserer Politiker sich ergehen.«

Laura Boldrini gehört zu denen, die den Vorsitzenden der Lega wirklich nicht ausstehen können. Am 5. Februar 2018 gab Boldrini der Tageszeitung *La Repubblica* ein Interview, in dem sie sich über Luca Traini äußerte, der in der mittelitalienischen Stadt Macerata das Feuer auf mehrere Schwarzafrikaner eröffnet hatte, nachdem bekannt wurde, daß die 18-jährige Pamela Mastropietro dort von vier Afrikanern erst ermordet und dann zerstückelt worden war.

Die damalige Präsidentin der Abgeordnetenkammer sagte dazu: »In Macerata gab es einen terroristischen Anschlag, einen rassistischen Überfall. Und dieser terroristische Anschlag wurde von einem Mann begangen, einem Mann, der auch als Kandidat der Lega aufgestellt war, der den römischen Gruß gezeigt hat, also ein Faschist ist. Ein Mann bewaffnet mit einer Pistole, aber auch bewaffnet mit Haß. Und in diesem Bereich des Hasses gibt es, sagen wir, einige bösartige Lehrmeister, aber der vermutlich aktivste in diesem Bereich nennt sich Matteo Salvini. Ja, und Matteo Salvini hat in den vergangenen Jahren nichts anderes getan, als Probleme zu schaffen, anstatt dabei zu helfen, welche zu lösen. Denn es ist nicht einfach, das Thema der Einwanderung politisch in den Griff zu bekommen. Was hat Matteo Salvini getan?

Er hat Angst geschürt, Chaos gestiftet. Und jetzt sollte er sich wirklich bei den Italienern entschuldigen für all das; er müßte sich entschuldigen, weil wir in Italien Lösungen brauchen, er hingegen aber ein Teil des Problems ist.«

Am 7. März 2018, in der Talk-Runde *Stasera Italia*, nahm sich Boldrini ihren Gegner erneut vor: »Salvini ist heute Innenminister dank der Tatsache, daß er fünf Jahre lang jeden Tag seine Gifttropfen verbreitet hat.« Und weiter: »Die Italiener haben vergiftetes Wasser getrunken. Sie haben es getrunken und es dabei nicht einmal bemerkt.«

Am 8. August 2018 gab sie *The Post Internazionale* ein Interview: »Ja, mit seinen Aktionen führt die Regierung Italien in die Isolation. Salvini macht alles falsch. Auch in Bezug auf Tunesien, einem der wenigen Länder, mit dem wir überhaupt Rücknahmeabkommen haben. In Europa sind wir nunmehr isoliert, von den Beziehungen zu den Staaten der Visegrád-Gruppe einmal abgesehen. Bisher hat sich Minister Salvini bloß zu brutalen Äußerungen hinreißen lassen, er hat sich wie ein Halbstarker benommen, er sendet sehr beunruhigende Botschaften an unsere Kinder aus. Wir wollen das Mobbing bekämpfen und was lehrt er? Was soll das bringen, arrogant und gemein zu Schwächeren zu sein?« Und weiter: »Salvini verbreitet eine andere Form der Information, er lenkt die öffentliche Meinung mit andauernder Propaganda ab. Sie bauen Echokammern, Orte, in denen sie Nachrichten verbreiten, bei denen die Adressaten keinen Wert auf deren Wahrheitsgehalt legen.« Und weiter: »Seine Strategie, wie er die Migrationsströme aufzuhalten versucht, bezeichne ich als verwerflich, weil sie Schiffsunglücke und höhere Todesraten auf dem Mittelmeer verursacht.

Wenn das seine Strategie ist, distanziere ich mich auf jeden Fall. Ich finde es wirklich verachtenswert, wie man es hinbekommt, sich eine solche Idee auszudenken. Wenn davon die Zustimmung abhängt, dann lehne ich das mit Sicherheit ab.«

Migranten, Faschismus, Rassismus. Das ist es, weswegen Salvini immer wieder angegangen wird. Das sind die Themen, die seine *hater* immer und immer wieder präsentieren.

Und in demselben Interview betont Boldrini weiter: »Ich weiß nicht, was Salvini seinen eigenen Kindern beibringt. Angesichts der Tatsache, daß er die Gutmenschen so sehr haßt, wird er ihnen beibringen, bösartig zu sein und andere zu verachten. Ich hoffe, daß Salvini niemals das passieren möge, was er selbst vielen Menschen antut. Ich hoffe, daß seinen Kindern nie das geschehen wird, was so vielen anderen Kindern seinetwegen widerfährt.«

Am 13. November 2018 griff sie ihn erneut über Twitter an: »Stark gegen die Schwachen, aber dann vor #Casapound kuschen.« Und weiter: »Salvini schickt die Polizeipanzer, um #Baobab zu räumen, während die ›Faschisten des dritten Jahrtausends‹ illegal und auf unsere Kosten ein Gebäude im Zentrum Roms besetzen.«

27. November 2018 – Redebeitrag in der Abgeordnetenkammer. Die Feministin Boldrini erhöht die Dosis: »Der Sexismus ist in diesem Hause sehr verbreitet. Auch auf der Regierungsbank, wo der Minister Salvini mich mit einer Gummipuppe verglichen hat.« – »Nein, nein, wenden Sie sich an das Präsidium«,

unterbrach sie die Vizepräsidentin des Hauses, Mara Carfagna. Boldrini fuhr fort: »Na dann, Frau Präsidentin, wie nennen Sie das, wenn eine Frau mit einer Gummipuppe verglichen wird? Finden Sie das akzeptabel? Das ist das Vorbild, daß der Innenminister gibt. Erst vor wenigen Tagen hat er drei minderjährige Mädchen an den öffentlichen Pranger gestellt, eine Schande, eine Schande.«

Am 22. Dezember 2018 erscheint bei der Nachrichtenagentur Adnkronos die Meldung, daß Matteo Salvini dem NGO-Schiff Open Arms, das Migranten an Bord hatte, die Einfahrt in italienische Häfen verweigerte. »Soviel dazu«, schrieb Boldrini, »daß der Minister Salvini, Vorsitzender einer Partei, die den italienischen Bürgern 49 Millionen Euro schuldet, in der Migrationsfrage auch weiterhin auf seiner Position beharrt.« In dem er dem Schiff Open Arms das Anlegen in italienischen Häfen verweigere, benehme sich Salvini »in den Tagen vor Weihnachten verächtlich und vergesse nicht nur die Werte der Verfassung, sondern auch jene des Evangeliums, die er bei Bedarf zu instrumentalisieren wagt«. Auf diese Weise, hob sie erneut hervor, »kann Salvini dem Land zeigen, daß er etwas tut, aber in Wirklichkeit zeigt er nur seine Machtlosigkeit, wenn man sieht, daß es ihm nicht gelingt, tatsächliche Ergebnisse zu erzielen. All das macht er auf Kosten der Schwächsten, die in diesem Moment in einer Situation größter Hilflosigkeit sind.«

31. Januar 2019 – Politsendung *Omnisbus*. »Es ist ein sehr häßliches Bild«, beginnt die ehemalige Präsidentin des Abgeordnetenhauses, »wie Salvini, einem Kaninchen

gleich, vor seiner eigenen Verantwortung flieht. Er, der immer vorgibt, die Stärke sei sein Markenzeichen, der immer herumlief und sagte, ›Ich lasse gegen mich prozessieren‹. Und nun, was sagt er? Er errichtet einen Schild aus seinen Privilegien. Meiner Meinung nach ist das seinerseits ein eklatanter Fehler, für sein Narrativ und für sein Image. Er wirkt wie ein zerbrechlicher Mann, der Angst hat und der sich hinter einen Schild flüchtet, darum bittend, ja, flehend, in Sicherheit gebracht zu werden.«

9. März 2019 – Politsendung *Otto e Mezzo*. »In der Tat, Salvini ist«, so stellt die Politikerin klar, »ein Mobber von Amts wegen, und er ist schnell eingeschnappt gegenüber Frauen. Zum Beispiel erst kürzlich, wegen drei minderjähriger Mädchen, die es gewagt haben, auf einer Demonstration gegen ihn zu protestieren. Er hat sie an den medialen Pranger gestellt, mit zehntausend Kommentaren von unermeßlichem Ekel. Er ließ alle stehen, hat sie nicht gelöscht. Und was das für Auswirkungen hat! Seine Anhänger machen es ihm nach, wie etwa der Stadtrat von Bozen, der sagte, ›Komm, vergewaltigen wir die DJane‹, oder der Stadtrat aus Amelia, der zu der Sängerin Emma Marrone sagte, sie solle die Beine breit machen. Aber wenn schon Salvini solche Dinge sagt, was erwarten wir dann erst von den anderen? Um sich vor ihrem Anführer hervorzutun, treiben sie es offensichtlich noch bunter als er.«

Und was ist mit Michele Santoro? Gemeinsam mit dem Karikaturisten Vauro, einem anderen *hater* Salvinis, veröffentlichte der Journalist am 21. Juni 2018 folgenden Brief:

Der Minister Salvini und die Verfassung

An den Präsidenten der Republik,
   an den Obersten Rat der Richter und Staatsanwälte,
   an den Präsidenten der Abgeordnetenkammer,
   an den Präsidenten des Senats,
   an den Präsidenten des Ministerrats,
   an den Präsidenten des Verfassungsgerichts,
   an den Leitenden Oberstaatsanwalt der Republik am
Oberlandesgericht zu Rom,
   an das Europa-Parlament Brüssel-Straßburg-Luxemburg,
   an den Präsidenten des Europäischen Gerichtshofs in
Luxemburg,
   an den Präsidenten des Europäischen Gerichtshofs für
Menschenrechte,
   gegenüber Euren Exzellenzen wird das Folgende erklärt:

Der Innenminister eines demokratischen Landes ist der
Garant der öffentlichen Ordnung und der Sicherheit aller
Bürger. Unsere Verfassung, die Verfassung, auf die Salvini
geschworen hat, verpflichtet gemäß Artikel 54 alle Bürger
zur Treue gegenüber der Republik. Also ist es objektiv nicht
hinzunehmen, daß der Innenminister Verlautbarungen
macht, die im Ton einer Drohung gehalten sind, selbst wenn
dies auch nur einem einzelnen Individuum gegenüber geschä-
he. Zu verkünden, alle Mitglieder einer Ethnie aus unserem
Land jagen zu wollen, vor allem die Angehörigen der Roma,
wobei »wir leider die Roma, die italienische Staatsbürger
sind, hierbehalten müssen«, setzt eine Minderheit zur Gänze
schwersten Risiken aus und verstößt gleichzeitig gegen gleich
mehrere Artikel unserer Verfassung in ihrer Gesamtheit,

etwa gegen das Gesetz, das den bestraft, der zum Rassenhaß aufhetzt, und gegen die Konvention der Menschenrechte, die einen der fundamentaler Pfeiler der Europäischen Union darstellt. In der Folge dieser Erklärung haben sich bereits Zeichen größter Intoleranz gezeigt, die im Namen des Ministers gesetzt wurden. Das Verhalten Salvinis verstößt gegen das Gesetz, aber kein Richter hat es als seine Pflicht empfunden, ein Verfahren von Amts wegen gegen ihn einzuleiten. Offensichtlich ist eine Art von Gewöhnung gegenüber jenen Verhaltensweisen eingetreten, die das Regierungshandeln in eine Diktatur der Mehrheit umformen, und damit jenen Grundsatz außer Kraft setzen, demzufolge jede Mehrheit sich der Verfassung unterordnen muß, und nicht umgekehrt. Im Artikel 2 garantiert die Verfassung übrigens die unverletzlichen Rechte des Menschen, sei es als Einzelperson, sei es innerhalb gesellschaftlicher Zusammenhänge, in denen sich seine Persönlichkeit entfaltet. Artikel 16 garantiert das Recht eines jeden Staatsbürgers, sich frei in jedem Teil des Staatsgebietes aufzuhalten und zu bewegen. Jegliche Form der Diskriminierung, aufgrund des Geschlechts, der Rasse, der Hautfarbe oder der ethnischen und sozialen Herkunft, der genetischen Merkmale, der Sprache, der Religion, ist verboten. Ebensowenig darf die Quelle der Diskriminierung die Zugehörigkeit zu einer nationalen Minderheit sein, wie etwa im Fall jener italienischen Staatsbürger, die ethnische Roma und Angehörige der Sprachgemeinschaft des Romani sind. Es ist beabsichtigt, sie behördlich zu registrieren und auf schwarze Listen zu setzen. Der Innenminister, dem öffentliche Funktionen von primärer Bedeutung anvertraut worden sind, die er mit Disziplin und Ehre erfüllen müßte, sollte die Sicherheit aller Italiener schützen. Mit seinen

Verlautbarungen hat Matteo Salvini seine Rolle vernachläs-
sigt, seinen Eid verraten und die Verfassung, das Gesetz der
Gesetze, in seinen fundamentalen Teilen verletzt. Wir wün-
schen uns, daß diese Anzeige irgendmöglich helfen kann und
daß die demokratischen Institutionen ihre Stimme erheben
mögen. Doch wenn das nicht geschehen sollte, werden wir
nicht davon ablassen, uns durch alle Instanzen zu kämpfen,
mit all unseren Kräften.

Mit Bitte um Beachtung.

Am 19. März 2019, ebenfalls auf www.michele-santoro.
it, schreibt Santoro: »Nehmt ihn fest, ich schäme mich,
Italiener zu sein, ich schäme mich, einen Innenminister
mit Namen Matteo Salvini zu haben. Einer, der das
Innenministerium, das das sichere Haus für alle sein sollte, in eine Werbeagentur zu Diensten einer Partei umgeformt hat, einer, der, anstatt den Respekt vor dem Gesetz
zu garantieren, nichts anderes tut, als es zu verletzten. Er
ist nicht der Minister der Sicherheit, er ist der Minister
des Bürgerkriegs. Er hält unbescholtene, wehrlose
Menschen als Geiseln, spielt sich als Staatsanwalt und
Richter auf, wenn er vermeintliche Straftaten erkannt haben will oder Schnellverfahren zelebriert, indem er vor
der versammelten Presse Urteile verkündet oder wissen
läßt, daß das Gefängnis für alle vorgesehen sei, die seine Unmenschlichkeit nicht teilen. Salvini ist eine Gefahr
für unsere Demokratie und diese umstürzlerische Natur
auch weiterhin zu unterschätzen, ist eine Verantwortung,
die ich nicht mittragen will. Jeder Tag, der vergeht, ver-
schlimmert seine Verachtung und die Bedrohungslage für

Minderheiten, macht das zivilisierte Zusammenleben aller Menschen in unserem Land, mögen sie auch andersartig sein, immer schwieriger.« Es sei eine Verachtung »für die Minderheiten«, die mit der Gleichgültigkeit der Linken gegenüber den Italienern einhergeht. Und er schließt: »Er hält Dialoge ab mit den Faschisten, er präsentiert sich auf Tagungen der Ewiggestrigen, die sich gegen die Bürgerrechte und die Freiheit der Frauen erheben, er verletzt die Prinzipien, auf denen unsere Verfassung basiert, die er feierlich zu respektieren geschworen hat. Wenn es einen gibt, gegen den prozessiert werden muß, so ist das er. Wenn es einen gibt, der in unser Leben eingefallen ist, so ist das er. Wenn es einen gibt, der festgenommen werden sollte, so ist das er.«

29. März 2019, wieder auf seiner Netzseite, schreibt der Journalist folgendes: »Erneut greift Matteo Salvini mit ausfallenden Ausdrücken an, die absolut im Gegensatz zu der Rolle stehen, die er bekleidet, um die Heerscharen seiner Fans – darunter findet man im Internet nicht wenige gewaltbereite Faschisten – aufzuhetzen, die nicht zögern, reihenweise Drohungen gegen die körperliche Unversehrtheit eines der berühmtesten und am meisten bewunderten Satirikers auszusprechen. Um uns endlich von einem trostlos ungebildeten Innenminister zu befreien, der die Sicherheit jedes Bürgers garantieren müßte, unabhängig von seiner Rasse, seinen politischen Ideen und der Religion, zu der er sich bekennt, biete ich dem Killer eine angemessene Belohnung, der in der Lage ist, eine der sieben Praktiken, die Vauro andeutete, anzuwenden, um ihn umzubringen. Mit der Bitte mich schnellstmöglich zu kontaktieren.«

Damit eifert er dem Satiriker Vauro Senesi nach, mit dem sich der Minister nunmehr einen Schlagabtausch liefert, wann immer er kann.

5. August 2015 – TV-Sendung *Agorà*. »Ich bin für null Toleranz gegenüber Rassismus«, sagt der Karikaturist. »Dieses Land ist am Rassismus erkrankt. In diesem Land hat das Wort Solidarität jegliche Bedeutung verloren, und ich will nicht, daß meine Kinder in einem unsolidarischen Land aufwachsen, weil es da, wo es keine Solidarität zwischen den Menschen gibt, auch keine Solidarität zwischen den Staatsbürgern gibt. Ich rede nicht mit einem Individuum, das ich moralisch zutiefst verachte«, da »mir unsere Demokratie auferlegt, das Gespräch mit Faschisten wie Matteo Salvini nicht zu akzeptieren.« Und dann schleudert er folgenden Satz heraus: »Ich bin angeekelt von der Intoleranz der Toleranten im Studio«, steht auf und verläßt das Studio.

23. März 2018 – TV-Sendung *L'aria che tira*. »Salvini«, sagt er, »hätte auch ich kein Eis gegeben, das ist eine Geste des Anstands.« Vauro kommentiert damit eine Begebenheit, bei der sich ein Angestellter einer Eisdiele weigerte, Salvini ein Eis zu verkaufen und dafür seine Arbeit verlor: »Man darf den Faschismus einfach nicht legitimieren.«

4. Juni 2018 – Radio Cusano Campus. »Im Moment«, sagt Vauro Senesi, »spüre ich die Fortführung einer zutiefst untergriffigen und vulgären Wahlkampagne, die jedoch gefährlicher geworden ist. Denn wer verkündet, daß das ›schöne Leben vorüber sei‹ oder daß die NGOs die Komplizen von Menschenhändlern seien,

der ist nicht nur ein Dummkopf auf der Bühne, sondern ein Dummkopf auf dem Stuhl des Innenministers. Nicht zufällig wurde in Kalabrien tatsächlich gestern ein Ausländer ermordet, Gewehrschüsse wurden abgefeuert.« Und Vauro weiter: »Die gelb-grüne Regierung ist eine Farbkombination, die schon ein bißchen Ekel hervorruft, die ein bißchen an Brechreiz und Galle erinnert. Auf der einen Seite ist Salvini, auf der anderen Seite ein Herr [Luigi di Maio], der auf öffentlichen Versammlungen sagt: ›Jetzt sind wir der Staat.‹ Ich denke, es wäre ein grober Fehler, der es würdig gewesen wäre, den Konjunktiv zu bemühen, wie es dieser Herr sonst so gerne macht, aber als ich diese Worte gehört habe, da lief es mir eiskalt den Rücken 'runter. Der Staat ist die eine Sache, die Regierung die andere.«

18. Juni 2018 – Auf *Left online*, dem Onlineblog der gleichnamigen linken Wochenzeitschrift veröffentlicht Vauro eine Karikatur zu Salvinis Aussage: »Wir führen eine Zählung der Roma durch, die italienischen Roma müssen wir aber leider behalten*.« Am 20. Juni 2018 spricht Vauro erneut bei Radio Cusano Campus. »Gegen Salvini«, kommentiert er, »muß prozessiert werden. Es liegt eine Notwendigkeit vor, geradezu das dringende Bedürfnis eines zivilen Widerstands. Der Teil der Gesellschaft dieses unseres Landes, der noch nicht vom Haß auf die Schwächsten der Gesellschaft durchtränkt ist, auf die es die Regierung abgesehen hat, der noch eine progressive Idee für diese Gesellschaft besitzt,

---

* Die Karikatur zeigt einen Roma, der ein gelbes, angenähtes »P« (für »purtroppo« = »leider«) auf der Jacke trägt, in Anlehnung an die für Juden vorgesehenen gelben Sterne im Dritten Reich.

muß etwas unternehmen. Salvini ist nicht nur das Tier, das er eben ist, sondern auch der Innenminister. Wir haben einen Innenminister, der eidbrüchig gegenüber der Verfassung ist. Ich habe gehört, wie er Saviano, Lerner und Balotelli, also all die, die ihm unerwünscht sind, als ›Team von Losern‹ bezeichnet hat. So etwas kommt einer Feindesliste gleich, wenn man es im Zusammenhang mit einem solchen Angriff macht. Ich habe ihn von ethnischen Zählungen in Bezug auf die Roma reden hören. Er hat gesagt, daß wir die italienischen Roma ›leider‹ hierbehalten müssen. Eine ungeheuerliche Vorstellung, eines zivilisierten Landes unwürdig. Das geht gegen unsere Verfassung. Und es ist beunruhigend, daß all diese Aktionen oder all diese Worte, die schon für sich ein Verbrechen des Verrats ankündigen, nicht nur eine Fortsetzung des Wahlkampfs sind, sondern mit dem Ziel geäußert werden, einen gesellschaftlichen Block zu etablieren, dessen gemeinsames Wertgefüge rein auf Haß und Wut errichtet wird.«

Am 13. Oktober 2018 erscheint in der Tageszeitung *Fatto Quotidiano* eine Karikatur zum Fall Cucchi, die Salvini als Schwein darstellt: »Unmögliches Vorhaben. Bringe einem Schwein bei, um Entschuldigung zu bitten.«

Am 6. März 2019 wird im Magazin *Left* eine weitere Karikatur von Vauro publiziert: »Selfie fatale« – Verhängnisvolles Selfie, wenn man die Pistole mit dem Smartphone verwechselt.« Salvini postet die Karikatur und antwortet über Twitter: »Und dann ist es Salvini, der Haß sät. Anklage gegen den Herrn Vauro, was meint ihr? Und an die Adresse der Linken: Euch einen schönen Tag, meine Freunde!«

Am 7. März war es wiederum Michele Santoro, der auf seiner Seite einen Monolog veröffentlichte: »›La Zecca‹ von Vauro, Sonderedition: ›Sieben Methoden, um Salvini zu töten‹. Es handelt sich um sieben halbernste und ironische ›Rezepte‹, wie man den Minister beseitigen könnte. Diese reichen von einem mörderischen Nutella-Glas bis zur tödlichen Manipulierung einer seiner Uniformen oder der Bremsen an einem sprichwörtlichen Abrißbagger.« Salvini umbringen? Nun »bin ich ja schon verurteilt«, sagt Vauro, daher fühlt sich der Karikaturist frei, sich in diese Rolle einzufügen. Sieben Methoden, um Matteo Salvini umzubringen jedenfalls. Und schon hört man, wie von ferne weitere »Schreie der Empörung« aufkommen.

13. März 2019, Twitterpost von Vauro, der sich im Urlaub in Vietnam befindet: »Terrorisiert von den Anklagen Salvinis habe ich entschieden, in den Untergrund zu gehen (ich scherze). Ich werde in fünfzehn Tagen zurückkehren. In der Zwischenzeit wird mein tüchtigster Admin diesen Account beleben. Hasta pronto an alle!« Und erneut aus Vietnam: »Salvini, komm und hol mich.«

Wer geht sonst noch auf den Innenminister los? Von allem ist etwas dabei, vom radical chic der Linken bis zum angesagten Rapper. Dann jene, die sich von ihren Posts ein bißchen Ruhm in Italiens Promiwelt versprechen sowie natürlich die berühmten Musiker, die ihn von der Bühne aus attackieren.

Im November 2018 schrieb der Rapper Salmo im Rolling Stone Italia: »Du kannst nicht für Salvini sein und Hip-Hop hören. Wenn du für Salvini bist, zerreiß meine T-Shirts, verbrenn die CDs. Oder ändere deine besch*** Meinung.«

Im November 2018 sagte der Rapper der italienischen Nachrichtenagentur Ansa: »Es müssen vor allem die Jüngeren raffen, weil sie noch verführbar und oft verwirrt sind. Sie sehen Salvini und denken, er ist ein ganz Großer, weil er eine berühmte ,Persönlichkeit' ist. Ich will eigentlich keine politische Positionierung vornehmen, aber eins kann ich nicht ausstehen: Wer Anhänger dieses ignoranten Gedankenguts ist, sollte lieber keinen Rap hören, der ja in erster Linie Teil der *blackculture* ist. Die sollen sich besser Skinhead-CDs besorgen.« Und: »Bei Salvini«, sagt Salmo, »erkenne ich an, daß er sich 'reinhängt und die richtige Sprache spricht. Das macht er schon klug. Auf jeden Fall würde ich sagen, daß ich keinen Haß gegenüber Matteo Salvini empfinde, denn die Art, wie er arbeitet, ist schon geil. Respect.«

Der Weg vom Rapper hin zu denen, die am Herd stehen, ist nicht weit. Und obwohl der Vizepremier ein guter Esser ist, gibt es tatsächlich auch hier jemanden, der ihn gnadenlos angreift. Der Fernsehkoch Chef Rubio ist darin derzeit führend. Im März 2019 teilte er den Tweet des Jura-Professors Guido Saraceni zur Debatte um das Notwehrrecht. »Komplize Salvini, Regierung der Mörder«, schreibt er. Bereits im November 2018 hatte er Salvini über Twitter attackiert: »Lieber Schakal«, schrieb er, »Matteo Salvini, sieh mal einer an, an die ungehobelten Freundchen von CasaPound traust du dich wohl nicht ran, was?

Klar, ist ja auch einfacher, sich mit anständigen Leuten anzulegen, den letzten Gerechten, als mit den richtigen Kriminellen.« Neues Spiel, neues Glück.

Im Februar 2019 schrieb er: »Ich sage, daß du einen Sch... kapierst, weder von Musik, noch von Politik, noch von Frauen noch überhaupt vom Leben, noch vom Essen. Du zählst einen Sch… und du verpaßt keine Gelegenheit, um das zu beweisen. Italien und die Italiener interessieren dich doch null, du spielst doch nur zum Risiko der ›Untermenschen‹. Du bist Ultimo, das Letzte!«

Und dann gibt es all die anderen Zitate, immer hart an der Grenze, stets grob beleidigend und durchtränkt von Haß. »Ich wollte«, gibt Rubio im Netz zu Protokoll, »die Brighella Brigade, also Luigi Di Maio, Matteo Salvini und Giuseppe Conte, daran erinnern, daß es mich anekelt, was in der Provinz Belluno passiert. Seit Tagen sind die Leute dort von der Außenwelt abgeschnitten und keiner spricht darüber! Zwischen dem einen oder dem anderen Scheiß, könntet ihr da auch mal über die Situation Tausender Italiener berichten?«

Im Januar 2019, in der Fernsehrunde *L'aria che tira*, meldete er sich erneut zu Wort: »Die Strategie des Ministers bringt mich immer sehr zum Schmunzeln, wenn er sich so zum Opfer macht. Es ist eine erfolgreiche Strategie, die ihn dahin gebracht hat, vorgetäuschte Konkurrenten zu haben, wie mich, wie Claudio Baglioni, wie Gemitaiz. Wir sind Personen, die das, was er sagt, in klarer Weise widerlegen. Was mich wundert, ist, daß das große Gefolge, mehrheitlich, wie der Premier sagt, sich von solch einseitigen und spalterischen Verlautbarungen an der Nase herumführen läßt. Ich frage mich: Wenn der Minister, oder wer auch immer dahinterstecken mag, es schafft, diese Ziele wirklich zu erreichen, was haben all die, die hinter ihm standen, dann bloß gewonnen, dank dieser Spaltung?«

Und dann gibt es da noch den Fernsehmoderator Pif, der sich ebenfalls nicht zurückhält: »Wir haben einen Innenminister, der einen Dreizehnjährigen mobbt. Ihn als ‚Minister der Unterwelt‘ zu definieren, übersteigt vermutlich noch seine Fähigkeiten. Er ist einfach ein kleiner Anfänger.«

Haß und Liebe für einen Minister, über den ganz Italien diskutiert. Wichtig ist, sagte irgendjemand einmal, daß überhaupt über einen gesprochen wird.

Serse Soverini, Mitglied der Abgeordnetenkammer und dort Teil der Gruppo Misto, gewissermaßen die »Fraktion der Fraktionslosen«, sagt über Salvini: »Er ist sicherlich ein fähiger Politiker, das erkennen sowohl seine Freunde als auch seine Feinde an. Aber daß er einfach die Häfen dicht macht, das deutet darauf hin, daß es ihm an einer weitergehenden Vision für die Lösung dieses Problems mangelt, es ist eine Reduzierung Italiens auf eine provinzielle Rolle. Man kann auch eine Notlage verwalten, aber man muß eine globalere Vision zur Bewältigung solcher Probleme haben. Leider hat er Italien beim Thema Einwanderung zurückgeworfen, zu einer sehr kurzsichtigen Perspektive verleitet. Das Problem ist, daß man nicht nur mit Repression reagieren kann, man muß auch an der Schaffung kontrollierter Zuwanderungswege arbeiten. Es handelt sich um ein Phänomen, bei dem es uns niemals gelingen wird, es einfach durch die Schließung der Häfen in den Griff zu bekommen. Ich bin überzeugt, daß die Steuerung der Zuwanderung effizienter, transparenter und zielgenauer ablaufen müßte, doch bräuchte es auch einen Plan zur Integration, den ich hier einfach nicht sehe.« Zum

Bündnis der gelb-grünen Regierung stellt er klar: »Es ist konfliktgeladen. Ich würde sagen: Ich bin mir nicht sicher, wieviel davon nicht eher genau so gewollt und wieviel davon tatsächlich echt ist. Manchmal erscheint es mir wie ein geschickt vorausgeplantes Spiel der beiden Parteien. Selbstverständlich nehmen da auch beide Parteien einen nicht geringen Schaden. Ich denke, daß es für sie schlicht unmöglich ist, eine gemeinsame politische Vision zu erarbeiten, und dadurch zu einem Gleichgewicht zu finden, um die ganze Legislaturperiode geordnet zu Ende zu bringen. Von ihrem Standpunkt aus sehe ich, daß es unmöglich ist, dem Land ein Minimum jener Stabilität zu geben, die Italien braucht.«

Wird die Regierung bis nach den Europa-Wahlen halten? »Das ist die Millionen-Dollar-Frage, die sich alle stellen«, erklärt Soverini, »und es gibt Tage, an denen ich, ehrlich gesagt, denke, daß sie nichts anderes tun können, als so weiterzumachen, und auch andere Tage, da scheint es, als daß die Regierung von einem Moment zum anderen zu platzen scheint. Es ist wirklich schwer, es zu verstehen. Ich denke, als die Lega gegründet wurde, waren wir noch ein echtes Land, mit echten Bedürfnissen. Heute vermittelt Salvinis Souveränismus die Perfektion eines Landes, das kein Gesicht hat oder vielleicht nur das Gesicht, das die Kommunikation uns zeigt. Es ist ein erfundenes Gesicht, dessen Grundlage die Angst ist. Ich weiß, daß das alle sagen, aber ich kann nicht anders, als mich dem anzuschließen.«

SALVINIS BERÜHMTE
AUSSPRÜCHE

Der wohl berühmteste und mittlerweile schon fast inflationär verwendete Ausspruch Salvinis ist sicherlich: »La pacchia è finita!« – »Das angenehme Leben (für Kriminelle) ist vorbei!« Die volkstümliche Umgangssprache des Ministers gefällt. Die Leute übernehmen seine Sprüche, widmen ihnen Postings, verewigen sie in eigenen Wikipedia-Artikeln, und letztlich gehen diese Zitate wohl in die Annalen ein. Und tatsächlich liegt seine Stärke genau darin, eine gewöhnliche, direkte Sprache zu benutzen, die von Herzen kommt und vielleicht auch ein bißchen aus dem Bauch. Wer nostalgisch an den früheren, ja legendären Ausspruch zur »ruspa!« (also zum »Bagger«) zurückdenkt, den Matteo gerne herausgehauen hat,* sollte nicht enttäuscht werden. Und es sollte noch einiges hinzukommen, etwa: »Chi sbaglia paga!« (»Wer Mist baut, der zahlt!«), »Prima gli italiani!« (»Italiener zuerst!«), »Porti chiusi!« (»Häfen dicht!«) oder auch »La Lega si serve, della Lega non ci si serve!« (»Der Lega dient man, aber die Lega dient nicht einem selbst!«).

Doch das Phänomen dieser stadionähnlichen Begeisterung erstreckt sich dabei keineswegs nur auf die sozialen Medien. Tatsächlich gehen die Salvini-Fans mittlerweile in die Millionen, und sie beschränken sich nicht auf die allein 3,5 Millionen Abonnenten auf Facebook, die 1,4 Millionen Fans bei Instagram oder die eine Million *follower* bei Twitter. Stets gewinnt Salvini mit seiner Spontanität. Weil einfach *alle* – und das ist unbestritten – über das sprechen, was er sagt, ob es einem gefällt oder nicht.

---

* So sagte Salvini, er wolle die Roma-Lager mit dem Bagger plattmachen. Siehe: *Süddeutsche Zeitung*, 19. Juni 2018: »Salvini, der Mann für die niederen Instinkte« von Oliver Meiler.

Salvini ist *das* Gesprächsthema der mehr als 60 Millionen Italiener. Jeden Tag. Und was auch immer geschieht, für die Leute da draußen ist alles entweder Salvinis Verdienst oder aber seine Schuld.

Nehmen wir ein Beispiel: Salvini teilt einen Beitrag der Zeitung *Giornale*, der über die mangelnde Beteiligung von Flüchtlingsinitiativen an den Ausschreibungen der regionalen Verwaltungseinheiten in den Provinzen berichtet, bei denen es um die Verteilung von Asylbewerbern geht. Salvini kommentiert: »Hm, haben die das nicht aus ›Güte‹ gemacht??? Schluß mit den Futtertrögen, aufgegeben wird nicht!« Dann noch einen »schönen Tag«, zwei Emoticons, eine Sonne und einen Smiley dazu, und in wenigen Minuten waren rund 23 500 »likes« erzielt.

Was auch immer er postet, er fährt beeindruckende Zahlen an »likes« ein, allesamt Ergebnisse der Liebe für den berühmtesten Politiker Italiens, der gleichermaßen Haß erntet. Mit seiner Art des Herangehens stellt er sogar den Ministerpräsidenten Giuseppe Conte in den Schatten, der auf Facebook »gerade einmal« 882 000 Fans hat.

»Ihr fragt mich, ob ich Antifaschist bin?«, schrieb Salvini. »Faschismus und Kommunismus sind tot. Ich bin Antifaschist, wie ich Antikommunist bin. Wenn jemand wirklich denkt, daß Faschismus und Kommunismus zurückkehren können, so muß ihm geholfen werden, dann muß er einmal in den Arm genommen werden«, und sofort applaudieren alle.

»Die Zurückweisungen der Migrantenboote«, schreibt er ein anderes Mal, »sie sind der einzige Weg, um Leben zu retten und eine Invasion auf unser Territorium zu verhindern, die nichts Gutes bringen wird«, und Kritik und Zustimmung kommen in Hülle und Fülle.

Seine legendären Zitate, sie sind im Netz nachzulesen, sie werden in Büchern gedruckt, ja verewigt. Wie etwa die folgenden: »Wenn ein Arbeitgeber zum Überleben erst Steuern hinterziehen muß, dann ist er kein Steuerhinterzieher, sondern ein Held.« Oder: »Unsere Traditionen leben hoch, ich weiche nicht!« Oder: »Der Kampf gegen den IS beginnt bei den Geldquellen, die ihn bewaffnen: Öl und illegale Einwanderung.« Denn es ist die Migrationsfrage, die das alles beherrschende Thema ist, in der Kommunikationsstrategie eines Matteo Salvini.

»Während es Leute gibt, die sich nur um das Wohl illegaler Einwanderer kümmern, kommen bei mir die italienischen Erdbebenopfer an erster Stelle«, so ein weiterer klassischer Satz aus dem Munde des Vizepremiers.

Dennoch, seine Sprüche decken alles ab, über das man Worte verlieren kann. Salvini ist in der Lage, das Foto eines gequälten Hündchens zu posten, wie er ebenso in der Lage ist, all jenen mit flotten Sprüchen zu begegnen, die ihn fortwährend angreifen. »Clevere, fleißige, entschlossene und fähige Frauen, davon haben wir in der Arbeit und der Politik zum Glück so einige. Die Boldrini ist keine von ihnen.«

Und dann liegt Salvini stets daran, seine Loyalität zu betonen: »Wie sehr stört es die alte Politik und die alten Machthaber, daß es eine neue Regierung gibt, die sich endlich für die Italiener interessiert und nicht für die Reichen und Mächtigen?« Dann gibt es das Eigenlob für die erreichten Ergebnisse, Salvini muß allen zeigen, daß er es gut macht, daß er sich 'reinhängt, daß er nicht stehen bleibt, daß er auf der Seite der Gerechtigkeit steht, wenn er sagt: »Falschen Gesetzen muß man nicht folgen, man muß sie solange mißachten, bis sie endlich geändert werden.«

Und der Zorn gegenüber all denen, die ihn dauernd beschuldigen: »Ich wurde der Bösartigkeit beschuldigt, des Rassismus, des Faschismus, aber ich will doch einfach nur den Schleppern das Handwerk legen. Das scheint mir gesunder Menschenverstand zu sein.« Und erneut die Bitte an die Italiener, ihm zu vertrauen: »[Matteo] Renzi sagt, ich wäre nur ein Minister ›auf Zeit‹. Wenn die Italiener mir ihr Vertrauen schenken, rechne ich damit, Minister ›auf Zeit‹ für die nächsten zwanzig Jahre zu sein.« Kurz gesagt, es ist der Normalo Salvini, der jenes Kind geblieben ist, dem damals irgendwer die Zorro-Puppe geklaut hat, der aber dann erwachsen geworden ist, der Minister wurde, um vielleicht nicht die Probleme der Menschheit zu lösen, aber doch die eine oder andere Weiche für eine bessere Zukunft im *Bel Paese* zu stellen – oder es doch wenigstens versucht.

Hinsichtlich der Drogenplage zum Beispiel: »Das Drogenproblem«, ließ Salvini im vergangenen April wissen, »ist ein nationaler Notfall. Ich bin bereit, alle entsprechenden Vertreter und alle Interessierten zusammenzurufen. Wer denkt, dass die Drogenthematik kein Problem wäre, der irrt sich gewaltig, insbesondere im Umfeld der Schulen. Die Verkäufer des Todes müssen hart bekämpft und bestraft werden.«

Ein weiteres diesbezügliches Beispiel für die Erklärungen Salvinis: »Ein 24-jähriger Nigerianer, einschlägig wegen Betäubungsmitteldelikten vorbestraft, flieht in Vicenza vor der Polizei. Auf seiner Flucht dringt er in ein Gebäude ein und versucht, sich durch einen Sprung aus dem dritten Stock der Verhaftung zu entziehen. Dabei bricht er sich das Becken sowie die Knochen im Oberschenkel. Er verfügt über einen befristeten humanitären Schutzstatus, und nun arbeiten wir daran, ihn auszuweisen. Dies ist einer der unzähligen Beweise dafür, daß humanitärer Schutz in der Vergangenheit viel zu leichtfertig gewährt wurde, und an Personen vergeben wurde, die überhaupt nicht schutzberechtigt waren. Damit ist jetzt Schluß: La pacchia è finita!«

Und damit zurück zu den Problemen der Politik. Nachdem der ehemalige Geschäftsführers der städtischen Müllabfuhr *Ama* einen Bericht präsentiert und vor der zuständigen Bundesbehörde im Namen der römischen Bürgermeisterin Virginia Raggi abgegeben hatte, polterte Salvini: »Die Raggi, sie hat mich um Hilfe ersucht, die Stadt Rom vor der Verwahrlosung zu retten, vor den rüpelhaften und unzivilisierten Touristen. Der Runderlaß bezüglich der ›roten Zonen‹ geht doch in diese Richtung, genau wie diverse Maßnahmen des Sicherheitsdekrets. Es würde reichen, einfach mal in die Gesetze zu schauen und sie auch anzuwenden, aber die Frau Raggi ist offenbar etwas zerstreut.«[*]

---

[*] Die hier benannten »roten Zonen« entsprechen in etwa dem, was im dt. Polizeirecht bisweilen als sogenannte »gefährliche Orte« bekannt ist, in denen der Polizei weitergehende Befugnisse und Durchgriffsrechte gewährt werden, insbesondere in Hinblick auf verdachtsunabhängige Personenkontrollen.

Es sei auch daran erinnert, was Salvini einem anderen Bürgermeister ausrichten ließ: »Am vergangenen 23. März sagte De Magistris, daß die Aufrechterhaltung der Sicherheit eine Aufgabe des Staates sei, und nicht seine. Aber wenn ich dann eingreife, um entsprechende Maßnahmen und Mittel anzubieten, dann beschuldigt er mich, ich würde die Bürgermeister angreifen.«

Und dann sind da noch jene Aussagen, die Salvini am meisten liebt, nämlich seine Statements zu Matteo Renzi, der Italien in seiner Zeit als Ministerpräsident zu Grabe getragen habe und den Salvini als eine Art Genie des Schlechten betrachtet. Schon mehrfach hat Renzi Salvini beleidigt. Im November 2018 zum Beispiel verkündete Renzi via Facebook-Liveschaltung: »Ich sage es jetzt. Ich weiß, daß ihr enttäuscht sein werdet, aber jetzt sage ich es, ich sage es, ich sage es: Wir müssen uns bei Silvio Berlusconi entschuldigen. Denn im Vergleich dazu, welche Gesetze Salvini für sich selbst schafft, war Berlusconi ein Schuljunge.«

Renzi nutzt die Gelegenheit, um Salvini anzugreifen. Etwa wegen der Uniformen, die der Innenminister so gerne aufträgt. »Ich find's schon anstrengend, Salvini angezogen ansehen zu müssen, geschweige denn nackt«, äußerte der Ex-Leader des Partito Democratico im Februar 2019. »Wenn wir ihn dann nicht nackt sehen müssen, soll er sich ruhig die Uniform der Stadtpolizei von Roccacannuccia Terme überziehen.« – Und: »Was fehlt, ist ein Minister, der seine Arbeit macht«, beklagt Renzi, der Salvini überdies vorwirft, er würde sich »verkleiden wie zu Karneval«. Und so fordert Renzi: »Schluß mit der Demagogie!« und meint: »Salvini, mach dich 'ran und sei Minister!«

Die Antwort des Vizepremiers ließ freilich nicht lange auf sich warten: »Gestern habe ich ganz vorzügliche Puntarelle mit Sardellen gegessen, aber ich konnte kein Foto davon ins Internet stellen, sonst empören sich Saviano und Renzi!« Und in die laufenden Kameras der Fernsehsender erklärte er: »Für Renzi und Saviano dürfte der Innenminister nicht essen und müßte nackt rumlaufen, weil er sich keine Jacke und kein Hemd anziehen darf.«

Kurz gesagt, Salvini verteidigt sich alleine und in seiner angeborenen Spontaneität, mit jener Spontaneität, mit der er auch die Fragen in diesem Buch beantwortet hat.

»Aber was haben die Puntarelle mit Sardellen nun mit der Geschichte um die Uniformen zu tun?«, wird sich vielleicht jemand fragen. Denkt mal darüber nach, es ist einfach genial, weil Salvini mit einer direkten und bisweilen auch simplen Aussage all jene zum Schweigen bringt, die ihn angreifen und beleidigen. Zugleich zeigt er, daß ihn solche Angriffe nur in außergewöhnlichen und extremen Fällen wirklich treffen, wie etwa als Saviano ihn den »Minister der Unterwelt« nannte, wie oben bereits gesagt wurde. Das hatte Salvini, der jeden Tag auszieht, um das Verbrechen zu bekämpfen, tatsächlich ernsthaft beleidigt.

»Überempfindlich, ich?«, fragte er mich einmal während eines Interviews, »absolut nicht. Doch glaube ich, daß man sich nicht für dumm verkaufen lassen muß und es dann auch nur richtig ist, sich zu wehren. Manch einer läßt dir halt einfach keine andere Wahl.«

Die Leute hingegen lassen ihm keine andere Wahl, als zu lächeln. Wie letzten April in Perugia, als die Menge ihn buchstäblich umstellt hatte und die Leute ihn dabei umarmten, küßten und ihm zuriefen: »Danke, du bist unser Retter!«

Salvini, glücklich über so viel Zuneigung, teilte ein Video dieser Veranstaltung im Internet und kommentierte es mit den Worten: »Fantastisch! Und wenn es irgendjemandem nicht gefällt, daß sich ein Minister mitten unter die Leute mischt, so oft es geht... der finde sich damit ab!«

Wenige Tage später, um die Osterzeit, veröffentlichte er aus dem Ort Pinzol zwei Fotos, eins mit seiner Tochter Mirta auf den Schultern und ein anderes, auf dem er den Betrachtern mit einem Glas in der Hand zuprostete: »Auf die Gesundheit, Eure und die aller Italiener.«

Und dann gibt es die immer wiederkehrenden Sätze im typischen Salvini-Jargon: »Ich habe euch lieb, Freunde!« – »Frauen und Männer in Uniform, der Stolz Italiens in der Welt!« – »Eine leckere Scheibe Brot mit Nutella für die Gutmenschen.« – »Für ein Europa der Vernunft!« Es sind Sätze, die abgedroschen erscheinen, die aber allesamt eine konkrete Bedeutung haben und den Menschen direkt ans Herz gehen.

»Die Verrückten verändern die Geschichte«, schrieb Salvini in seinem Buch *Secondo Matteo*, das er 2016 herausbrachte, zusammen mit den beiden Journalisten Rodolfo Sala und Matteo Pandini, der heute sein Pressesprecher im Innenministerium ist.

Mit einer Sache hatte er Recht: Er hat die Art, wie die Leute eine politische Partei begreifen, völlig verändert. Während die Parteien zu Zeiten Giorgio Almirantes oder Enrico Berlinguers die Menschen da draußen schlicht als potenzielle Wähler betrachteten, sieht Salvini die Italiener heute als Freunde. Seine Unterstützer und Aktivisten sind zu *followern*, Anhängern, Unterstützern und Fans geworden, ja zu richtigen *Tifosi*. »Die Wahrheit ist, daß man sich in der Lega zuhause fühlt«, sagt ein Mitglied. »Die Lega ist eine große Familie«, so ein anderes Lega-Mitglied zustimmend – zwei Stimmen von zwei Mitgliedern, die ich irgendwo an irgendeinem Infostand in irgendeiner italienischen Stadt getroffen habe.

Das italienische Volk, das sich zunehmend Populismus und Souveränismus zuwendet, hat dem selbsternannten »Verschrotter« des Establishments, Matteo Renzi, jedenfalls klar und deutlich gezeigt, daß es den Capitano eindeutig vorzieht.

»Ich denke 2017 wird es Neuwahlen geben«, hatte Salvini in seinem Buch geschrieben. »Renzi fällt seiner Arroganz, seiner nicht gehaltenen Versprechen zum Opfer, die aus Italien ein verängstigtes und prekäres Land gemacht haben. Ich weiche nicht zurück. Und mit meinem Team werde ich weiter an den vielen Fragen arbeiten: Von der Reform der Zivilrechtspflege bis zu einem neuen und effizienten nationalen Energieplan, vom Ausbau der Infrastruktur, die Nord- und Süditalien endlich verbindet, bis hin zu einer Industriepolitik, die den Verkauf unserer führenden Unternehmen an ausländische, multinationale Konsortien blockiert. Ich werde alles dafür geben, mit Mut und Ehrlichkeit, aber zunächst seid jetzt ihr dran.«

In seiner Prognose zu etwaigen Neuwahlen sollte Salvini nur um wenige Monate daneben liegen. Denn tatsächlich, im März 2018 wurden die Italiener an die

Urnen gerufen. Renzi war da schon längst abgetreten, zusammengebrochen unter der Last des verlorenen Referendums, dessen Ausgang ihm zu verstehen gegeben hatte, was die Italiener von ihm hielten. Auf ihn folgte Paolo Gentiloni.* Doch Italien hatte sich da schon verändert. Und die Lega, in den Umfragen bis zur 30 %-Marke katapultiert, war längst zur stärksten politischen Kraft des Landes geworden.

Das war der Punkt, an dem Salvini verstanden hatte, daß sein Traum, dieses Land einmal zu führen, gerade dabei war, Wirklichkeit zu werden. Die Italiener haben ihn für seinen Mut und seine Aufrichtigkeit belohnt, dafür, daß er kein Blatt vor den Mund nimmt und immer an der Seite der Italiener steht. Komme, was wolle – er steht zu ihnen. Zu den Erdbebenopfern ohne Obdach, zu denen, die ihr Eigentum gegen Einbrecher verteidigen mußten. Zu den Opfern, zu den Arbeitslosen und zu jenen, die wegen der Zockerei der Banken auf der Straße gelandet waren, denen eine ungerechte Justiz den Boden unter den Füßen weggerissen hatte, und zu denen, die seit Jahren mit ansehen mußten, wie man die eigenen Bürger zugunsten der illegalen Einwanderer links liegen ließ. »Prima gli italiani« – ganz einfach. Das ist es, worauf Salvini seine Siegesserie begründet und was seine Vorgänger einfach nicht verstanden haben. Zuerst die Trikolore, zuerst Vaterland und Heimat, zuerst die Uniformträger, zuerst die, die im Recht sind, zuerst die, die sich das, was sie besitzen, im Schweiße

---

* Paolo Gentiloni (* 1954), Ministerpräsident nach Renzi, führte von 2016 bis 2018 die Übergangsregierung.

ihrer eigenen Arbeit verdient haben. Zuerst die ehrlichen und normalen Leute.

»Man muß Matteo helfen«, sagte mir mein Gesprächspartner, den ich auf einem Platz in Rom traf.

»Warum?«, fragte ich.

»Weil nur er«, so antwortete er mir, »der Mann ist, der das Kommando übernehmen kann. Er ist die letzte Karte, die Italien noch ausspielen kann.«

Auch die, die schlecht über ihn sprechen, habe ich gefragt, ob es sich wirklich so verhält. »Es ist unleugbar«, wurde mir gesagt, »man kann nicht abstreiten, daß er, auch dann, wenn man ihn wirklich nicht unterstützt, ein einzigartiger Politiker ist, der anders ist, als alle anderen. Ein Charismatiker, der ganz sicher in einer ganz anderen Liga spielt, als all die anderen Politiker, die wir haben.«

Erst kürzlich äußerte Salvini einen Satz, der allen nachdrücklich im Gedächtnis bleiben sollte: »Am 26. Mai [2019] wird sich die Geschichte Europas und Italiens verändern.«

Wer weiß, ob er es wirklich glaubt.

Ob dem so ist, darauf werden nun Wetten angenommen. Wenn wir diesbezüglich ein Zitat Walt Disneys bemühen wollen, das Salvini sehr mag und den versammelten Reportern nach der Annahme einer bedeutsamen Renten- und Arbeitsmarktreform der gelb-grünen Regierung* mit auf den Weg gab, dann dürften die Wetten jedoch gutstehen:

»Wenn du es träumen kannst, dann kannst du es auch tun.«

* des sog. »decretone«

SCHLUSSBETRACHTUNG

Wenn es eine Kritik an Matteo Salvini gibt, dann sicherlich diese: Er hat manchmal zu großes Vertrauen in andere. Die alte Garde der Lega ist dem neuen Team aus jungen Köpfen, die sicherlich moderner, aber manchmal wohl auch zu oberflächlich sind, nicht wohlgesonnen. Salvini spricht mit allen, hört allen zu, auch wenn er so tut, als ob er die Ohren verschließt. Er ist unmittelbar, direkt, bissig und schlagfertig. Er kommt zur Sache, bevor der andere überhaupt erst den Mund aufmacht. Aber als Mensch, der er eben auch ist – sicher mit scharfem Geist und über dem Durchschnitt –, besitzt er aber nun doch nicht die Fähigkeit, überall gleichzeitig sein zu können, und deshalb kann er sich eben auch nicht aller Probleme seiner Partei annehmen. Etwa den internen Auseinandersetzungen, vor allem auf den unteren Ebenen. Die Entscheidungen, die nachgelagerte Parteispitzen treffen, an allen höheren Gremien vorbei. Die lokalen Parteibüros, die oft in die Hände von Leuten fallen, die ihren Aufgaben nicht gewachsen sind oder einfach all die Dinge, die von der unteren Ebene besser verschwiegen werden, um den großen Häuptling nicht zu verärgern.

All das ist aber nicht seine Schuld. Es ist schlicht dem Umstand zuzuschreiben, daß derzeit einfach jeder ein Teil der Lega sein will. Die Ortsverbände setzen sich aus einer Menge Leute zusammen. Alle helfen, alle setzen sich ein, alle fassen mit an, aber die meisten machen all das eben, weil sie einen Platz an der Sonne beanspruchen oder einfach schnell an die Posten und Pöstchen wollen. Und so ist es nicht selten, daß derjenige, der eben noch in der hintersten Reihe saß, plötzlich ganz weit vorne wieder zu finden ist, begleitet von ein paar Messerstichen in den einen oder anderen Rücken. Ein Phänomen, das aber wohl letztlich in allen großen Parteien der Welt zu finden sein dürfte.

Die Naivität des Ministers, wenn man denn von Naivität sprechen kann, besteht zumeist darin, nicht immer zu verstehen, daß man nicht alles kontrollieren kann und daß es daher tatsächlich schwieriger ist, ein ganzes Reich zu führen als ein kleines Viertel. Das ist das Gesetz der großen Zahl. Wenn du 3 % hast, kennst du alle Mitarbeiter, Unterstützer und Aktivisten. Wenn du 30 % hast, kennst du nur eine minimale Prozentzahl und einige entziehen sich den Zügeln, dem Diktat der Partei, den Regeln und dem gesunden Menschenverstand.

Doch es gibt auch die andere Seite der Medaille. Hier findet sich der Grund, warum Salvini, trotz aller Probleme des alltäglichen Ringens, selbst kurzfristig doch immer als Sieger vom Platz geht. Denn ganz abgesehen davon, daß er Minister ist, ist Matteo Salvini ein Mann von enormem Mut, von außergewöhnlicher Stärke und Widerstandskraft, wie man sie selten sieht. *Er* ist es, auf dessen Schultern auch die Probleme seiner Regierungspartner liegen. *Er* ist es, der immer eine Lösung parat hat und einen Ausweg kennt, auch wenn die Herausforderungen noch so groß zu sein scheinen.

Salvini hat die Kraft dessen, der mit dem Herzen zu sprechen versteht und der seine Kraft aus seinem innersten Kern bezieht. Er ist einer der wenigen, der die Welt mit seinen Aktionen und seinen Taten verändert hat, und das zeichnet ihn aus. Er hat ein angeborenes Charisma, er ist der unbestrittene *leader*, geschaffen für diese Rolle, die ihm schon viel früher auf den Leib geschneidert war, als er sich selbst dessen bewußt war, wie uns seine alten Freunde in diesem Buch erzählt haben. Er hat das ehrliche Gesicht eines gewöhnlichen Menschen, aber er hat einen Kopf, wie er außergewöhnlicher nicht sein könnte.

Er ist einer, der sich den inquisitorischen Fragen eines Bruno Vespa in der Talkshow *Porta a Porta* mit derselben Lockerheit stellt, wie er inmitten der gefüllten Marktplätze die Menschen begrüßt, die Hände schüttelt und Selfies macht mit jedem, der ihm irgendwie über den Weg läuft.

Er ist der Mann, der im Vergleich zu den Politikern der Vergangenheit gegen den Strom schwimmt, der nicht die großen Zitate liebt, sondern sich seine eigenen macht, der Redensarten prägt, die dann zum Allgemeingut gehören. Er war einfach der Mann, der dem Italien fehlte, das nach Jahren voller Krisen, nach all der unkontrollierten Massenzuwanderung und den nichtgewählten »technischen Regierungen« am Boden lag und nun die Kraft sucht, sich wieder zu erheben. Das Volk, und das ist eine Tatsache, braucht Wertschätzung, Brot zum Essen und Gesetze, die auch eingehalten werden. Einen Ansprechpartner, der präsent ist, der sich um die Probleme aller kümmert, die doch letztlich elementarer Art sind: Arbeit, Sicherheit, Ruhe und Gesundheit.

Das hat Salvini genau verstanden und so arbeitet er weiter daran, sein Projekt, wie er es versprochen hat, Tag für Tag umzusetzen, sich selbst in die Pflicht nehmend, es auch zum Abschluß zu bringen, Schritt für Schritt.

Die Europawahlen stehen vor der Tür. Es ist schwer zu sagen, wie die Ergebnisse aussehen werden und welches politische Szenario danach in Aussicht steht. Werden wir in eine Zukunft versetzt, in der Italien eine größere Rolle auf dem internationalen Schachbrett spielen wird? Werden wir wieder versuchen, uns von dem Spiel zu befreien, in dem wir nur die Bauern der Stärkeren und der Arroganten sind?

Wir könnten uns in einem Land wiederfinden, das weiterhin in den Händen der aktuellen Regierung ist, oder auch als eine Nation, die sich anschickt, zu Neuwahlen zu schreiten.

Sicher ist, daß die Stabilität des Koalitionsvertrags unter der Last des Ungleichgewichts der Partner mit der Zeit nachlassen wird, so daß es zu einem handfesten Bruch kommen kann. Begleitet von Seitenhieben, von sibyllinischen Andeutungen und auch von Widersprüchen scheinen die Lega und die Fünf-Sterne-Bewegung verschiedene Wege einzuschlagen, zumindest in der Rhetorik.

Die jüngsten Konfrontationen zwischen Salvini und der Verteidigungsministerin Elisabetta Trenta haben uns genau dies vor Augen geführt. Er möchte zurück zur Wehrpflicht, sie sagt, daß sei »eine romantische Idee«. Sie möchte die Truppen aus Afghanistan zurückziehen, der Vorsitzende der Lega ist da eher zurückhaltend. Und dann die verschiedenen Positionen in der Vergangenheit, zur Schließung der Häfen, zum Bürgergeld und zu vielen anderen Themen, die mehr als geeignet sind, jeden Tag aufs neue die Schlagzeilen der vielen Zeitungen zu füllen.

Es scheint längst ein Schachspiel, eine Tennis- oder Fechtpartie zu sein, in der immer derjenige die Runde gewinnt, der den härtesten Hieb austeilt.

»Ich werde es nicht sein, der die Regierung zu Fall bringt«, hat Salvini jüngst gesagt, womit er Sinn für Pflicht und Verantwortlichkeit gegenüber den Italienern zeigt, die gewählt haben und auch gegenüber denen, die gewählt wurden. Aber wer sich diesseits der Barrikaden umschaut, wird daran doch einige kleine Zweifel haben. Denn das Knirschen und Knarzen, das aus dem Inneren des Parlaments herübertönt, wird spürbar lauter. »Um gut zu regieren, braucht es das Wollen beider Seiten«, verkündete der Minister, womit er die internen Streitereien beim gelb-grünen Mittagessen zugab.

Es war eine Hochzeit, die am Reißbrett entworfen wurde, sie wurde in unverdächtigen Zeiten geschlossen, war aber freilich unnatürlich, angesichts der großen Diskrepanzen zwischen den beiden Eheleuten. Gemeint ist damit zum Beispiel ein Beppe Grillo, der Gründer der Fünf-Sterne-Bewegung, der vor seiner eigenen Schöpfung längst zu fliehen versucht, vor einer Partei, in der man nunmehr nicht mehr gewillt ist, den Anweisungen von höheren Parteifunktionären zu folgen, die irgendwo »da oben sitzen« und die nie einer zu Gesicht bekommen hat. Und vor Abgeordneten, die hinter vorgehaltener Hand verkünden, daß sie bereit seien, kurzfristig in andere Parteien überzulaufen, ganz egal, ob diese nun rechts oder links von der eigenen Partei stehen.

Wie lange kann eine solche Situation gutgehen?

Wird es dem *leader* der Lega auch weiterhin gelingen, die ganze Last zu stemmen, um diese Bruchbude zusammenzuhalten?

Im Unterschied zu den Umfragen findet man die Antwort auf diese Frage nicht in der Glaskugel, stattdessen kann man sie an den Ergebnissen der kommenden Europawahl ablesen, die für diese Regierung ein echter Prüfstein sein werden. Nach diesen Wahlen, wie auch immer sie ausgehen mögen, muß Salvini entscheiden, ob er den Weg weitergeht, den er bisher eingeschlagen hat, oder ob er den nostalgischen Verlockungen der Vergangenheit nachgibt, die schon in einigen Regionen Italiens dazu geführt haben, gemeinsame Landesregierungen mit dem alten Centrodestra zu bilden.

Sicher, am Ende werden es die reinen Ergebnisse sein, die den Ausschlag geben. Holt die Lega etwa die absolute Mehrheit, dann wäre sie nicht nur so mächtig, daß sie wohl noch über das Wetter entscheiden könnte, nein, dann würde sich auch jenes Vorhaben realisieren lassen, das sich so viele Menschen herbeisehnen: Matteo Salvini als Ministerpräsident. Sollte der gegenteilige Fall eintreffen, sich diese Prognosen also nicht bewahrheiten, dann müßte man sich mit anderen Bündnissen zufriedengeben, seien es die üblichen oder auch neue Koalitionsformen.

Wieder mit Blick auf Europa, ist das Ziel klar: »Ich werde und wir werden alles dafür tun, damit Italien wieder an die Spitze Europas zurückkehrt«, verkündete der Vizepremier kürzlich auf einer Kundgebung, wie die Medien zu berichten wußten. »Wir sind nicht Zweiter, hinter niemandem. Wir haben niemanden um etwas zu bitten und wir brauchen von niemandem etwas zu lernen, weder von Paris, noch von Luxemburg und auch nicht von Brüssel. Unser Kampf endet nicht mehr an der Landesgrenze. Die Geschichte gibt uns ein größeres Ziel auf: Daß der soziale Friede und die Freundschaft wiederhergestellt werden, die Brüderlichkeit und die Einheit eines Kontinents, der, wenn er so weitermacht, riskiert, im Osten und im Süden von anderen Großmächten zerdrückt zu werden. Und wir werden dabei zu einem riesigen Markt von Konsumenten, die nurmehr Produkte abnehmen, die am anderen Ende der Welt erfunden, konstruiert und hergestellt werden. Daß Europa die Wende schafft, und wieder zur Wiege der Zivilisation der ganzen Welt werden möge, gegründet auf den örtlichen Gemeinschaften, den Regionen und den Nationen und ihren jeweiligen Völkern.

Und ich möchte euch noch einmal an die prophetischen Worte des heiligen Johannes Paul II. erinnern, der davon sprach, daß Europa zur Brüderlichkeit und zur Solidarität zwischen all seinen Völkern berufen sei, vom Atlantik bis zum Ural. Als Völker sind wir ethnisch unterschiedlich, aber sie wollen unsere Identitäten auslöschen, unsere Kulturen, unsere jeweilige Geschichte und unsere Traditionen, um nicht mehr Frauen und Männer zu haben, sondern nur noch Konsumenten.

Der Vertrag von Maastricht über die Europäische Union vom 7. Februar 1992 besagt, dass es ›Aufgabe der Gemeinschaft ist es, durch die Errichtung eines Gemeinsamen Marktes und einer Wirtschafts- und Währungsunion sowie (...) durch eine harmonische und ausgewogene Entwicklung des Wirtschaftslebens innerhalb der Gemeinschaft, ein beständiges, nichtinflationäres und umweltverträgliches Wachstum, einen hohen Grad an Konvergenz der Wirtschaftsleistungen, ein hohes Beschäftigungsniveau, ein hohes Maß an sozialem Schutz, die Hebung der Lebenshaltung und der Lebensqualität, den wirtschaftlichen und sozialen Zusammenhalt und die Solidarität zwischen den Mitgliedstaaten zu fördern.‹ Jemand hat den europäischen Traum verraten. Wir werden unsere Kraft und das Blut in unseren Adern einer neuen europäischen Gemeinschaft spenden, die sich gründet auf Respekt, auf Arbeit und auf ökonomischem und sozialem Fortschritt.«

Was also will die Lega?

Da ist er. Der Wandel, vor dem sich so viele fürchten. Insbesondere jene, die an den vermeintlichen Sicherheiten des *Heute* kleben, selbst dort, wo diese Sicherheiten Teil einer Gegenwart sind, die alles andere als zufriedenstellend ist. Daß sich die derzeitigen Bedingungen ändern, wird von vielen freilich als etwas betrachtet, das es zu verhindern gilt. Lieber die Sicherheit des Bestehenden, als die Zweifel darüber, was morgen sein könnte. Sicher ist aber, daß diese Einigelung derer, die einen Sieg Salvinis und seiner Verbündeten fürchten, nichts bringen wird, wenn die Menschen diesen Sieg herbeiwählen. Wer nun eine Welle des Rassismus, des Faschismus und der Fremdenfeindlichkeit heranrollen sieht, wer das, wie einige politische Tendenzzeitungen etwa, einem »braunen Netz« zuschreibt, das aus denen besteht, die ihre eigenen Völker vor der Invasion der Zuwanderer verteidigen wollen, der sollte sich darauf einstellen, die Quittung bald schwarz auf weiß zu bekommen.

»Endlich wird sich Europa verändern. Eigentlich müßten da doch alle zufrieden sein«, ist die Antwort Salvinis.

Die Tatsache ist: Was auch immer geschieht, die Dinge sind dazu bestimmt sich weiterzuentwickeln und zu verändern. »Sei du selbst die Veränderung, die du dir wünschst für diese Welt«, wie Mahatma Ghandi sagte.

Es ist müßig, sich zu ereifern: Denn ob im Guten oder im Schlechten, es wird noch hoch hergehen.

Danksagungen

Ein Buch in einem Monat zu schreiben, ist gar nicht so leicht, auch nicht für eine Journalistin. Sich aus den vergangenen und aktuellen Ereignissen herauszuwinden, die richtige Formel zu finden, um das Interview mit den anderen Kapiteln in Einklang zu bringen, kann durchaus zu einer komplexen Aufgabe werden. Es ist mir gelungen, dank der unbezahlbaren Hilfe von Marco Pinti, unverzichtbar in jeder Phase der Entstehung des Buches, aber auch dank der Geduld von Matteo Pandini, der es verstanden hat, jedem meiner Wünsche nachzukommen, und der auch dann die Ruhe bewahrt hat, als meine Forderungen unmöglich schienen. Ein aufrichtiger Dank geht auch an all diejenigen, die ihren Beitrag dazu geleistet haben, meine Arbeit zu unterstützen. Diesbezüglich gilt mein ganz besonderer Dank dem Abgeordneten Gianni Tonelli, der mich mit Daten und Ratschlägen unterstützt hat. Die Ermutigung des Verlegers Andrea Antonini und des ganzen Teams von Altaforte edizioni war von größter Wichtigkeit, in Momenten der Schwäche. Schließlich geht mein aufrichtiger Dank an Maurizio Belpietro, dafür daß er das schöne Vorwort geschrieben hat, aber ganz besonders an Matteo Salvini. Ich danke ihm für die Gelegenheit, ihn interviewen zu dürfen. Und so schließt das Buch auch mit einem seiner Gedanken: »Um die Welt wirklich zu verändern, braucht es ein bißchen Herz, ein bißchen Mut und ein bißchen Wahnsinn.«

DAS PRIMAT DES KONKRETEN
Nachwort von Eberhard Straub

Bei dem wortgewandten Matteo Salvini ist bemerkenswert, welchen Worten er ausweicht. Er vermeidet die breiten und vieldeutigen Parolen wie europäische Wertegemeinschaft, Friedensprojekt Europa oder die Aufgabe »des Westens«, die Menschenrechte zu universalisieren und überall für Humanität zu sorgen. Er spricht aber auch kaum von der Nation, vom Staat oder von Recht und Ordnung als Abstraktionen. Selbst der Idee der *sovranità*, die mit seiner Partei, der Lega, verbunden ist, der Selbständigkeit vom Einzelnen über die Regionen und Staaten in einem Europa als Bund freier, sich selbst bestimmender Völker, mißtraut er, weil sie zu nahe an der Unbestimmtheit und Beliebigkeit allgemeiner Parolen ist, die bewußt präziser Begrifflichkeit entrückt werden. Der Historiker Matteo Salvini ist vertraut mit dem seit 1814, nach dem Sturz Napoleons, oft variierten Vorwurf, daß sich auf erhabene Postulate beruft – Europa, den Liberalismus, den Sozialismus, das Selbstbestimmungsrecht der Völker, den Freihandel oder die Weltgemeinschaft der wehrhaften Demokratien –, wer betrügen will und seine offenkundigen Interessen mit feierlichen Wünschbarkeiten als selbstlosen Dienst für die eine Menschheit ausgeben möchte.

Die Menschheit oder die Wertegemeinschaft bieten allerdings keine Hilfe, wenn es darum geht, mit konkreten Herausforderungen fertig zu werden. Der Politiker und die Politik haben es mit der Wirklichkeit zu tun. Das meint Matteo Salvini, der Praktiker und Pragmatiker. Visionen und verheißungsvolle Einbildungen können nur hinderlich dabei sein, Ordnung zu schaffen, wo etwas in Unordnung geriet. Insofern spricht Matteo

Salvini selbstverständlich von Ordnung, Unordnung, von Recht und Normen, aber immer auf einen konkreten Ort und Zeitpunkt bezogen. Sein Denken entwickelt er als konkretes Ordnungsdenken. Darin folgt er – der Schüler eines klassischen Gymnasium in Mailand, der Humanist und Historiker – den Ratschlägen Niccolò Machiavellis, des großen politischen Analytikers und Wirklichkeitswissenschaftlers, sowie den Vorstellungen Carl Schmitts. Mit ihnen machte Gianfranco Miglio, der 2001 verstorbene lombardische Staatsrechtler und Politologe, die Italiener bekannt. Miglio hatte erheblichen Einfluß auf die Lega Nord genommen, den Vorläufer der heutigen Lega, und damit auf den jungen Matteo Salvini.

Jede Ordnung ist situationsbezogen. Das konkrete Ordnungsdenken wurde von Gianfranco Miglio mit den verschiedenen Traditionen des italienischen Föderalismus verknüpft, der sich gegen einen nationalen Einheitsstaat gewehrt hatten. Zum Föderalismus gehört regionale Autonomie, gerade in Übereinstimmung mit der italienischen Geschichte. Der Föderalismus wendet sich nicht gegen Italien als Nation, sondern gegen eine Nation und einen Staat, der das konkrete Leben im gar nicht so übersichtlichen, vielfältigen Italien der Städte, Regionen und ehemaligen Staaten durch Homogenisierung vertilgen möchte. In diesem Sinne war die Lega Nord eine Los-von-Rom-Bewegung, ein notwendiger Protest gegen die vereinheitlichende und die Vielfalt auf Einfalt reduzierende Nation, ein Protest gegen das nationalliberale und sozialistische Programm, über das eine Italien »den Italiener« zu schaffen, der im anderen immer den Gleichen erkennt und in der Gleichheit der Lebensformen zu Einheitlichkeit statt zur Einigkeit innerhalb einer mannigfach nuancierten Nationalität findet. Matteo Salvini und die Lega sind daher gerade keine bornierten Nationalisten.

Das veranschaulicht auch ihr Symbol, der *caroccio*, der mittelalterliche Fahnenwagen, der im Widerstand gegen den deutschen Römischen Kaiser Friedrich Barbarossa verbündeten italienischen Städte. Sie wollten keineswegs aus dem Römischen Reich ausscheiden, sie kämpften für ihre Freiheiten, für ihr Anderssein in einer großen Union, sicher vor Bevormundung und einer ihre Autonomie gefährdende Reichseinheit. Sie setzten sich durch. Und der *caroccio* ist auch ein Symbol für die spätere Verständigung mit dem Römischen Kaiser und für die gewährte Selbständigkeit in den weiten Zusammenhängen des Reiches. Der *caroccio* ist nicht nur ein Zeichen des Protestes, sondern auch des Kompromisses, früher mit dem Kaiser, jetzt mit Italien und der Europäischen Union. Ein Kompromiß setzt freilich voraus, daß sowohl Italien wie die EU die Freiheit nicht als Abstraktion verstehen, sondern als Sammelbegriff für Freiheiten, für Unterschiede, für konkrete Ordnungen, die sich ergänzen, aber einander nicht verdrängen, damit »die Ordnung« ihr dürftiges und lebendige Regsamkeit einschränkendes Dasein behaupten oder endlich durchsetzen könne.

Der Föderalismus achtet die historischen Besonderheiten und darüber die italienischen Vergangenheiten, die in der Wirklichkeit fortwirken, um so intensiver, je mehr sich das Italien des *risorgimento*, der nationalen Einheit seit 1860, als unfähig erweist, den Vergangenheiten und Unterschieden gerecht zu werden, eben durch entschlossene Regionalisierung. Südtirol ist ein Beispiel gelungener Autonomie innerhalb eines Nationalstaates, und auch innerhalb Europas wegen der Verknüpfung mit Österreich und mit Bayern. Für die zentralisierenden Italiener sind das ungewohnte und ihr Herkommen herausfordernde Ideen. Matteo Salvini hadert nicht mit der Geschichte und treibt keine Geschichtspolitik mit polemischer Absicht. Die Geschichte überläßt er den Historikern, auch die Geschichte der gescheiterten Christlichen Demokratie, der gescheiterten Sozialisten und Kommunisten. Er konzentriert sich auf das Hier und Heute, auf die Wirklichkeit, in der die Zeitgenossen und Wähler leben.

Matteo Salvini vermeidet historische, politische oder soziologische Exkurse, überhaupt die akademischen Spielereien, die vielen Politikern in Italien so wichtig erscheinen. Das italienische Parlament ist immer noch eine Professoren- und Akademikerversammlung, und die öffentliche Diskussion unter Journalisten, Politikern und Sinnstiftern aller Art wird von Theorien und geistiger Feinmechanik beherrscht, oft beachtlich in ihrer für Europa längst ungewöhnlichen Abstraktionsfähigkeit und philosophischen Bildung. Aber der virtuose Jargon, mit dem sich die »Öffentlichkeitsarbeiter« untereinander verständigen, ungeachtet der jeweiligen Parteizugehörigkeit, erschwerte allmählich deren Zugang zur Öffentlichkeit. Italienische Humanisten empfahlen einst denen, die sich an ein breites Publikum wenden, nur Worte und Bilder zu gebrauchen, die umstandslos verstanden werden, also die Umgangssprache zu gebrauchen. Darauf beruhte einst die leichte Faßlichkeit öffentlicher Reden in Italien. Matteo Salvini und seine Mitstreiter in der Lega folgen nun wieder dieser humanistischen Empfehlung, worauf auch ihr Erfolg beruht.

Konkrete Umstände in einer konkreten Situation lassen sich nur in einer konkreten Sprache behandeln. Das bedeutet keineswegs populistische Trivialisierung, vielmehr äußert sich darin der Wirklichkeitssinn, sich auf die jeweilige Situation einzulassen und aus ihr die Möglichkeiten zu gewinnen, um Schwächen auszuschalten und Strukturen zu verändern. Dieser Pragmatismus macht Matteo Salvini denen verdächtig, die von Systemen und Modellen raunen und von Synergieeffekten schwärmen. Gianfranco Miglio beobachtete, wie der klassische Staat, wie sämtliche Institutionen unter dem Druck der Interessenverbände und gesellschaftlichen Gruppen, auch der Parteien, allmählich in Frage gestellt wurden. Vom Einzelfall, von regionalen Lösungen ließe sich vielleicht ein Weg finden, um zu neuen übergreifenden Normalisierungen zu gelangen, um Normen wieder Geltung zu verschaffen. Insofern gilt Matteo Salvini vielen Italienern – gerade unter den Rechten – nur als *normalista*, der nach keinem neuen Staat oder einer neuen Gesellschaft strebt, sondern nur von Fall zu Fall reparieren will. Doch eine Fülle gelungener Normalisierung gestörter Situationen ermöglicht insgesamt einen Rückgang von Störungsanfälligkeit und eine gewisse öffentliche Ruhe und Sicherheit, nach der der Bürger mit Recht verlangt, denn dafür leistet er Abgaben und Steuern.

Den breiten Worten abhold, gewinnt die Freiheit für Matteo Salvini erst über *viele* Freiheiten eine konkrete Substanz. Aus den Freiheiten entwickeln sich Ordnungen, die einander brauchen. Vom Einzelnen über die Stadt, die Region und die Nation zu einer europäischen Einigkeit von Staaten und Völkern, die auf manche Eigenwilligkeit verzichten können, aber nicht in einer europäischen Einheit verschwinden und sich selbst aufgeben wollen. Der Föderalismus Salvinis ist pluralistisch, weil sich das Leben ja überhaupt in Vielfalt entfaltet und jede radikale Uniformisierung das Leben vergewaltigt. Salvini und die Lega sind nicht antieuropäisch – sie widersetzen sich allerdings einem Brüssel, das mit bürokratischer Funktionstüchtigkeit und Gleichförmigkeit die lebendige Vielfalt des alten, historisch vertieften Europa bedroht. Brüssel ist ein Vollzugsorgan der sogenannten deutsch-französischen Freundschaft, Paris und Berlin verwechseln sich und ihre Interessen mit Europa und wollen die übrigen Europäer bevormunden. Diese deutsch-französische Freundschaft wird zum Ärgernis. Der älteste und europäischste Teil unserer gemeinsamen Welt ist Italien: das Land, in dem Griechen und Etrusker, Karthager und Römer aufeinanderstießen, später Araber, Normannen, Deutsche und Spanier. Europa braucht Italien, um sich nicht von sich selbst zu entfremden, ein Italien der Freiheiten und regionalen Ordnungen, das im Kleinen ein Europa der selbständigen und selbstbewußten Völker vorwegnimmt, ein lebendiges und nicht erstarrtes Europa.